AUSGEWÄHLTE DOKTORDISSERTATIONEN
DER
LEIPZIGER JURISTENFAKULTÄT.

DIE

ZUSCHIEBUNG UND ZURÜCKSCHIEBUNG
DES
EIDES AN DRITTE

NACH DER REICHSZIVILPROZESSORDNUNG.

Von

Dr. jur. PAUL BACH.

LEIPZIG,
VERLAG VON VEIT & COMP.
1894.

Nach der für die Leipziger Juristenfakultät bestehenden Promotionsordnung ist die Drucklegung der Dissertation keine Vorbedingung der Promotion, und die Fakultät hat die Überzeugung, daß eine Prüfungsarbeit gut und ein vollgültiges Zeugnis der wissenschaftlichen Bildung ihres Verfassers sein kann, ohne daß ihr der allgemeine Wert zukommt, welcher ihre Veröffentlichung wünschenswert macht.

Doch hat die Fakultät es stets als einen Übelstand empfunden, daß eine nicht unbedeutende Zahl von ihr approbierter Dissertationen, welche die Wissenschaft fördern, theils gar nicht zum Druck gelangen, theils ohne Bezeichnung ihrer Eigenschaft als Doktorschrift veröffentlicht worden sind. Daher ist die Einrichtung getroffen worden, daß derartige Dissertationen unter den Auspizien der Fakultät veröffentlicht werden können. Die Thätigkeit der Fakultät wird sich dabei auf die Feststellung der Druckwürdigkeit beschränken; sie übernimmt keine Verantwortung für den Inhalt im Einzelnen.

Die Arbeiten erscheinen in selbständigen Heften und sind einzeln verkäuflich.

Leipzig, im Juli 1893.

Die juristische Fakultät:
Dr. J. E. Kuntze,
d. z. Dekan.

AUSGEWÄHLTE DOKTORDISSERTATIONEN
DER
LEIPZIGER JURISTENFACULTÄT.

DIE
ZUSCHIEBUNG UND ZURÜCKSCHIEBUNG
DES
EIDES AN DRITTE
NACH DER REICHSZIVILPROZESSORDNUNG.

Von

Dr. jur. PAUL BACH.

LEIPZIG,
VERLAG VON VEIT & COMP.
1894.

Druck von Metzger & Wittig in Leipzig.

Inhalt.

I.

§ 414 der C.P.O. bestimmt, daß der Eid nur der Partei, nicht einem Dritten zugeschoben oder zurückgeschoben werden könne. Demnach sind „Partei" und „Dritter" einander ausschließende Gegensätze. Wer im Verhältnis zu einem konkreten Zivilprozesse als Dritter zu betrachten sei, wird sich erst nach Festlegung des Parteibegriffes entscheiden lassen.[1]

Eine Legaldefinition des Parteibegriffes enthält die Prozeßordnung nicht. In § 19 und 157, wo sie die formelle Parteifähigkeit der trotz des Mangels der zivilistischen Rechtssubjektivität im eigenen Namen zivilistisch geschäftsfähigen Personenmehrheiten und Vermögenskomplexe als die Fähigkeit, „als solche zu klagen und verklagt zu werden" bezeichnet, spricht sie nur von diesen, und es berechtigt nichts dazu, aus den Worten des Gesetzes eine Definition der Parteifähigkeit überhaupt oder der Partei überhaupt herauszulesen.

Die Formulierung des Parteibegriffes bleibt der Doktrin überlassen. Zwei Wege zum Ziel bieten sich ihr. Sollen wir den Begriff der Partei gewinnen, indem wir die allen den Erscheinungen, die nach unserem Prozeßrechte in der Parteienrolle begegnen können, wesentlichen Momente darzustellen suchen, oder haben wir vielmehr, zunächst ohne Berücksichtigung der im einzelnen möglichen Erscheinungsformen der Partei, ihre Rechtsstellung im Prozesse und dem ihm zu Grunde liegenden materiellen Streitverhältnisse zu untersuchen, um von dieser aus das Wesen der Partei zu erfassen? Nur die zweite, von der herrschenden Lehre[2] festgehaltene Methode kann als die richtige bezeichnet werden. Jene erste, nur scheinbar die besser berechtigte, setzt Einigkeit darüber voraus, welchen von allen den prozessualisch möglichen Repräsentanten der Parteienrolle der Parteicharakter auch wirklich zuzusprechen sei. Sie nimmt als erwiesen an uud folgert aus dem, was sie erst erweisen will.

---

[1] Thiele, im civ. Arch., Bd. 52, S. 31 sagt, mit dieser Definition sei nicht viel gewonnen. Gleichwohl stellt er sie S. 71 als das Resultat seiner Untersuchung hin.

[2] Vertreten durch Wach, Handb., I, S. 518 fg.; Planck, Lehrb., I, S. 199 fg. u. a.

Die Vertreter der herrschenden Lehre[1] kommen, abgesehen von Abweichungen in der Formulierung, im allgemeinen darin überein, daß sie die Parteien als die als Prozeßsubjekte auftretenden Subjekte des streitigen Privatrechtsverhältnisses bezeichnen.

Die Partei ist einmal Prozeßsubjekt, das vom Gericht unterschiedene Subjekt des Prozeßrechtsverhältnisses. Zwischen den Parteien soll erkannt, Recht gefunden, Recht gesprochen werden. Nicht das ist das untrügliche Kennzeichen der Partei, daß sie Subjekt der prozessualen Parteiakte ist. Allerdings, wenn sie es nicht wäre, wenn sie nicht der Träger wäre eines durch seine Bethätigung den Prozeß beeinflussenden Willens, und nicht gegen sie sich die prozessualen Akte des Gegners richteten, dann könnte im Rechtssinne von einer Partei nicht die Rede sein, ein von der Inquisitionsmaxime beherrschter Zivilprozeß kennt keine Parteien im prozessualen Sinne.[2] Aber nicht die Parteien allein sind Träger eines prozessualer Erheblichkeit fähigen Willens. Der Nebenintervenient kann die prozessualen Parteiakte zum größten Teil rechtswirksam hervorbringen, der Gegner ist zu prozessualischem Handeln auch ihm gegenüber gezwungen (§ 64, 68, Abs. 3 C.P.O.); aber darum ist er nicht Partei, auch nicht „Nebenpartei",[3] nicht Subjekt des Prozeßrechtsverhältnisses, mag man als dessen Subjekte allein die Parteien oder neben ihnen das Gericht denken.[4] Für und gegen ihn soll nicht erkannt werden, nur dem Interventen will er zum Siege verhelfen (§ 63 C.P.O.). Daher ist ihm die disponierende Sachverhandlung, der Sachantrag, die Klagzurücknahme, Verzicht, Anerkenntnis und Vergleich verschlossen, darum existiert er für die Sachentscheidung nicht und nur mittelbar, nach Vorschriften des materiellen Rechts, kann sie Rechtswirksamkeit auf sein Verhältnis zum Gegner äußern (§ 66 C.P.O.). Nur die Parteien können das Prozeßrechtsverhältnis begründen und vernichten, nur an sie richtet sich der richterliche Aufhebungsakt, nur sie sind, vom Gerichte abgesehen, seine Subjekte.

Zwischen den Parteien soll erkannt werden. Man nennt sie deshalb die Subjekte der Streitsache, des im Streite befangenen Rechtsverhältnisses. Dem ist zuzustimmen, doch muß man sich vergegenwärtigen, daß nicht jedes Rechtsverhältnis, welches Gegen-

---

[1] Wie die oben genannten auch RG. CS. XII, S. 399.

[2] Vergl. Planck, Lehrb., I, S. 200 fg.; Kohler, Prozeß als Rechtsverhältnis, S. 135.

[3] Weiteres über diesen Begriff s. u. Abschn. II, 2.

[4] Vergl. über den Begriff des Prozeßrechtsverhältnisses Bülow, Prozeßeinreden, S. 1 ff.; Wach, Handb., I, S. 34 ff.; Planck, Lehrb., I, S. 201 ff.; Kohler, Prozeß als Rechtsverhältnis, S. 1 ff.

stand der Entscheidung ist, deshalb auch Streitgegenstand zu nennen ist. Auch über Rechtsverhältnisse zwischen einer Partei und einem Dritten oder zwischen Dritten überhaupt kann zu entscheiden sein. Diese sind aber nur mittelbar Gegenstand des Prozesses, nur insoweit, als ihre Existenz oder Nichtexistenz präjudiziell ist für den Anspruch des Klägers gegen den Beklagten auf Leistung oder Unterlassung der Bestreitung, Feststellung. Das in der Klage behauptete zivilistische Anspruchsverhältnis ist das streitige Rechtsverhältnis und dieses ist immer ein Rechtsverhältnis zwischen dem Kläger und dem Beklagten.

Das Anspruchsverhältnis wird durch die Klage bestimmt. Sie deduziert es in den Rechtsstreit, als sein aktives Subjekt stellt der Kläger in der Klage sich selbst, als sein passives den Beklagten hin.

Gegen diese Fixierung der materiellen Seite des Parteibegriffes richtet sich die Kritik, der man diesen in neuerer Zeit unterzogen hat. Es sind vor allem die Ausführungnn von Kohler, Eccius, Oetker und Stegemann,[1] auf die hier näher eingegangen werden muß.

Kohler und Eccius lassen den hergebrachten Parteibegriff für die Mehrzahl der Fälle gelten, sie stellen jedoch besondere Klassen von Parteien auf, deren Verhältnis zur Streitsache sie in eigentümlicher Weise zu normieren suchen. Kohler behauptet, daß Identität der Subjekte des materiellen und der des prozessualen Rechtsverhältnisses nicht in allen Fällen notwendig und unter gewissen Voraussetzungen Personen die Befugnis gegeben sei, im eigenen Namen über Rechte Dritter mit zivilistischer Wirkung für diese zu prozessieren. Wo dieses Verhältnis, Kohler nennt es „Prozeßstandschaft", nicht vorliege, sei Identität der Subjekte des materiellen und des prozessualen Rechtsverhältnisses vorhanden, im umgekehrten Falle seien dagegen die subjektiven Beziehungen beider Rechtsverhältnisse von einander verschieden.[2] Als Beispielsfälle der Prozeßstandschaft nennt Kohler den Dispositionsnießbrauch, d. h. den mit Dispositionsrecht verbundenen Nießbrauch, ferner die Fälle der Art. 697 und 764 H.G.B. und der § 73 und 236 C.P.O.

---

[1] Kohler, „Der Dispositionsnießbrauch", in Jahrb. f. Dogm., XXIV, S. 188 ff.; „Über die Succession in das Prozeßverhältnis" bei Busch, Zeitschr. für dtsch. Civ.-Proz., XII, S. 97 ff.; Eccius, Bespr. der Ausg. der K.O. von Petersen und Kleinfeller, bei Gruchot, Beitr., XXXIII, S. 730 ff; Bespr. der Ausg. der K.O. von v. Wilmowski und Levy bei Gruchot, XXXII, S. 147 ff.; Oetker, Bespr. der Ausg. der C.P.O. von Seuffert im Jurist. Litt.-Bl., II, S. 188 ff.; Stegemann, Die Parteien im Prozeß (S. A a. Ztschr. f. dtschn. C.P.).

[2] S. bes. Jahrb. f. Dogm., XXIV, S. 319 ff. bei Busch, XII, S. 97. 100. 101. 107.

Eccius will dagegen überall dort, wo eine Verwaltung fremden Vermögens lediglich nach Maßgabe des Willens des Verwalters unter Ausschluß jeder Disposition des Vermögensinhabers zu führen sei, dem Verwalter als solchem, als Organ der Verwaltung eine Parteifähigkeit besonderer Art beigelegt wissen.[1] Als Beispiele führt er an den Konkursverwalter, Zwangsverwalter, Sequester und Testamentsvollstrecker, sowie den Liquidator oder vertretenden Gesellschafter der offenen Handelsgesellschaft, sofern man diese nicht als juristische Person auffasse, und den Forderungspfandgläubiger, der aus der Pfändung und Überweisung zur Einziehung gegen den Drittschuldner klage. Mit den von Kohler als „Prozeßstandschaft" bezeichneten Fällen befaßt er sich nicht näher, er sagt, es unterliege keinem Zweifel, daß hier die im Prozesse auftretende Partei im eigenen Namen handle. Danach soll wohl auch hier eine Parteifähigkeit besonderer Art anzunehmen sein.[2]

Oetker und im Anschluß an ihn Stegemann verwerfen dagegen die Hereinziehung eines materiellen Moments in den Parteibegriff schlechthin. Sie stellen die Definition auf: Parteien sind rem in indicium deducens und is, contra quem res in indicium deducitur.[3] Die Partei könne nicht nur über ein eigenes Rechtsverhältnis prozessieren; ihre Legitimation, einen Prozeß über einen fremden Anspruch zu führen, gehe zurück entweder auf ein ihr zustehendes Recht an diesem, oder auf Amtsgewalt oder unmittelbar auf das durch Rücksichten prozessualer Zweckmäßigkeit bestimmte Gesetz.[4] Oetker nennt als Beispiele der ersten Klasse den Gewalthaber hinsichtlich des Adventizienvermögens des Hauskindes und den Ehemann hinsichtlich des seinem Verwaltungsrechte unterstehenden Frauengutes, als Beispiele der zweiten den Konkursverwalter und den Staatsanwalt im Entmündigungsverfahren, als solches der dritten endlich den Fall des § 236 C.P.O. Stegemann fügt noch zur ersten den Forderungspfandgläubiger und Forderungsnießbraucher, zur zweiten den Zwangsverwalter, Sequester und Testamentsvollstrecker, zur dritten den Fall des § 73 C.P.O. hinzu. Er sagt, es stehe Jedem frei, einen ihm fremden Anspruch in den Prozeß zu deduzieren und damit ein Prozeßrechtsverhältnis giltig zu begründen, in den genannten Fällen handle es sich dagegen um die Befugnis, über einen fremden Anspruch zu prozessieren.[5]

---

[1] S. bes. bei Gruchot, XXXIII, S. 736, XXXIV, S. 147 ff. Ihm schließt sich an Thiele im civ. Arch., Bd. 82, S. 65 ff.

[2] S. bei Gruchot, XXXIII, S. 734.

[3] Oetker, J. L.-Bl, II, S. 189; Stegemann, S. 38.

[4] Oetker, a. a. O.; Stegemann, S. 38—41. 50 ff.

[5] Stegemann, S. 39 ff.

Dem ist folgendes zu entgegnen:

1. Allerdings begründet A durch die Klage gegen B auf Zahlung an C oder auf Zahlung des C an D ein giltiges Prozeßrechtsverhältnis, aber damit deduziert er nicht das Rechtsverhältnis zwischen B und C oder C und D in den Prozeß. Durch die Klage behauptet er, einen Anspruch gegen B zu haben, daß dieser an C, oder daß C an D zu zahle. Dieses Anspruchsverhältnis zwischen A und B ist Gegenstand der Klage, der Verhandlung, der Entscheidung, Streitsache, das Rechtsverhältnis zwischen B und C oder C und D nur Thatbestandsmoment des in den Streit deduzierten Rechtsverhältnisses.

2. Die Parteistellung des Inhabers eines Dispositionsrechtes an einem fremden Vermögen, des Gewalthabers hinsichtlich des adventizischen Vermögens des Hauskindes, des Ehemannes hinsichtlich des seiner Verwaltung unterliegenden Frauengutes, des Forderungsnießbrauchers und Forderungspfandgläubigers ist anzuerkennen, aber es ist zu bestreiten, daß sie mit dem hier vertretenen Parteibegriffe in Widerspruch stehe. Der Grund, aus dem in diesen Fällen die Annahme eines Vertretungsverhältnisses ausgeschlossen ist, darf weder, wie es Oetker und Stegemann thun, in der Prozeßfähigkeit des Hauskindes, der Ehefrau, des Inhabers der Forderung, und der Unmöglichkeit einer gesetzlichen Vertretung prozeßfähiger Personen, noch, wie Eccius für den Fall des Pfändungspfandrechtes an einer Forderung behauptet, in der Selbständigkeit des Forderungspfandgläubigers gegenüber dem Pfandschuldner gesucht werden.[1] Entscheidend für die Parteistellung der hier in Frage kommenden Personen ist vielmehr das eigne Recht, das sie an dem fremden Anspruche haben. Insoweit ist den Ausführungen Kohlers, Oetkers und Stegemanns beizutreten.[2] Aber daraus folgt auch, daß jene Personen als Subjekte der Streitsache zu betrachten sind. In den Streit gezogen ist das Rechtsverhältnis zwischen dem Dispositionsberechtigten und dem Gegner. Der Dispositionsberechtigte fordert auf Grund des Dispositionsrechtes, die Erfüllung der Verbindlichkeiten, die auf dem seinem Dispositionsrechte unterstehenden Vermögen ruhen, wird von ihm begehrt, um seines Dispositionsrechtes willen. Das Dispositionsrecht als solches oder als Ausfluß des

[1] Oetker, a. a. O.; Stegemann, S. 10. 11. 13—24. 25—29; Eccius, bei Gruchot, XXXIII, S. 734; vergl. 736.

[2] Kohler (J. f. D., XXIV, S. 319 ff., bei Busch, XII, S. 101) spricht nicht von der Prozeßstandschaft des Vaters und Ehemannes speziell, sondern will Prozeßstandschaft überall dort als mit dem Dispositionsnießbrauch verbunden angenommen wissen, wo das Dispositionsrecht „in thesi ein freies sei“. Die genannten Fälle sind daher wohl als die hauptsächlichsten zu betrachten, die Kohler im Auge hat.

Nießbrauches oder Pfandrechtes an der Forderung ist integrierender Bestandteil des Klaggrundes. Dem widerspricht es nicht, daß man die Klage des Forderungspfandgläubigers oder Forderungsnießbrauchers nicht als Klage aus dem dinglichen Rechte, sondern als die persönliche aus der Obligation des Pfandschuldners, des Proprietars, auffaßt, denn das ist sie als actio utilis, als eigenes Recht des Pfandgläubigers oder Nießbrauchers.

Wegen der Besonderheiten, die für diese Fälle über Rechtskraft, Rechtshängigkeit, Kompensation und Kostenpflicht gelten, braucht man nicht einen Gegensatz zwischen dem Subjekt der Deduktion und dem des deduzierten Anspruchs zu konstruieren. Die Rechtskrafts- und Rechtshängigkeitswirkung aus der Person des Dispositionsberechtigten gegen den Vermögensinhaber erklärt sich aus dem Dispositionsrecht, die Ausschließung der Forderungen des Dispositionsberechtigten und derjenigen gegen ihn von der Kompensation, sowie umgekehrt die Zulassung der Kompensation mit Forderungen des Vermögensinhabers und solchen gegen diesen daraus, daß der Dispositionsberechtigte, wenn auch Subjekt des streitigen Anspruchsverhältnisses, doch nicht Subjekt des vom Streite ergriffenen Vermögens, Rechtes ist. Die Kostenpflicht endlich trifft den Forderungspfandgläubiger und Forderungsnießbraucher, wie jede andere Partei, in den Prozessen um das adventizische Vermögen des Hauskindes und das ehemännlicher Verwaltung unterliegende Frauengut objektiv dieses Vermögen, subjektiv den Dispositionsberechtigten um seines Dispositionsrechtes willen.

3. In den Fällen der Art. 697 und 764 H.G.B. kann dem Schiffer eine Parteistellung nicht beigemessen werden. Die Meinung ist nicht, daß der Schiffer aus eigenem Rechte über fremdes Vermögen solle prozessieren dürfen. Der Schiffer ist Vertreter des Rheders und der Ladungsbeteiligten nach Maßgabe der näheren Bestimmungen in Art. 495 bis 512 H.G.B. Es ist daher anzunehmen, daß Art. 697 und 764, die ja auch lediglich ein praktisches Bedürfnis zu befriedigen bestimmt sind, nicht ihrem strengen Wortlaut nach auszulegen seien und vielmehr nur eine Ausdehnung der Vollmacht des Schiffers und seine Pflicht bedeuten, die Prozesse des Bodmereigläubigers, der Schiffsgläubiger, gegen den Rheder oder die Ladungsbeteiligten als deren Vertreter auf sich zu nehmen.

4. Daß der Konkursverwalter mehr sei, als Stellvertreter des Gemeinschuldners oder der Konkursgläubiger, muß bestritten werden. Auf die Kontroverse, wie weit er das eine und wie weit das andere sei, kann hier nicht eingegangen werden, auch würde es zu weit führen, aus den Bestimmungen der Konkursordnung im einzelnen

die Vertreterqualität des Konkursverwalters nachzuweisen. Nur folgendes möge betont werden.

Wenn Eccius und Stegemann im Anschluß an die Motive zur K.O. behaupten, daß § 5 und 6 K.O. nicht sowohl die Prozessfähigkeit des Kridars beschränken, sondern ihn des Dispositionsrechtes als solchen, der Sachlegitimation in den die Masse betreffenden Prozessen entkleiden wollen,[1] so ist darin eingeschlossen die Behauptung einer Succession des Verwalters als solchen, als Organes der Verwaltung, in dieses Dispositionsrecht.[2] Dafür aber müsste der Beweis aus dem positiven Rechte angetreten werden, aus dem Zwecke des Gesetzes ergiebt er sich noch nicht. Denn dieser, die Auseinandersetzung des gemeinschuldnerischen Vermögens unter die Konkursgläubiger, wie sie deren Interessen entspricht und von einem loyalen Schuldner selbst vorgenommen werden müßte, wird schon dann erreicht, wenn das Gesetz dem Gemeinschuldner, von dem eine gewissenhafte Erfüllung dieser Aufgabe nicht zu erwarten steht, diese an sich ihm zukommende Thätigkeit, die Ausübung seines Dispositionsrechtes über die Masse, untersagt und sie einer anderen Person überträgt. Dies muß als Absicht des Gesetzes so lange festgehalten werden, bis nicht erwiesen ist, daß es darüber hinausgehen, dem Konkursverwalter als solchem ein Recht verleihen wolle, die konkursmäßigen Dispositionen im eigenen Namen auszuüben, daß es ein Rechtssubjekt schaffen wolle, dem das Dispositionsrecht über die Masse als eigenes zustände, und als dessen Organ der Konkursverwalter zu denken wäre. Aus § 5, 6 K.O. ist demnach eine Beschränkung des Dispositionsrechtes nicht der Substanz, sondern nur der Ausübung nach, eine Beschränkung seiner Dispositions- und Prozessfähigkeit zu entnehmen.

Diese relative Prozeßunfähigkeit des Kridars ist jedoch ebensowenig der maßgebende Grund für die Annahme eines Stellvertretungsverhältnisses, als die Prozeßfähigkeit der — in den Anfechtungsprozessen jedenfalls von dem Konkursverwalter vertretenen — Konkursgläubiger für das Gegenteil. Entscheidend ist hier, wie dort, der Mangel eines eigenen Rechtes in der Person des Konkursverwalters. Er übt Rechte anderer in deren Namen aus. Für sein Verhältnis zum Gemeinschuldner geht dies aus der obigen Betrachtung, für sein Verhältnis zu den Konkursgläubigern in den

---

[1] Mot. z. K.O., S. 42; Eccius, b. Gruchot, XXXIII, 731 ff.; Stegemann, S. 11. 13—20. 29—31.

[2] Die Bezeichnung des Konkursverwalters als Trägers eines öffentlichen Amtes (Oetker, a. a. O.; Stegemann, S. 25. 53—57) sagt über das zivilistische Rechtsverhältnis nichts. Der Vormund ist Träger eines Amtes von publizistischem Charakter und privatrechtlich Vertreter.

Anfechtungsprozessen aus § 29 K.O. und § 13 Abs. 1, 2 des Anf.-Ges. hervor. Denn daß das Anfechtungsrecht als solches den Gläubigern zustehe, kann wohl nicht bestritten werden. In dem Handeln im Namen eines anderen erschöpft sich aber der Begriff der Stellvertretung. Dieser Begriff ist ein rein formaler. Ihm läuft es nicht zuwider, daß der Vertreter die Vertretung mit einer jede Willenseinwirkung des Vertretenen ausschließenden Selbständigkeit zu führen befugt sei, noch, daß er sie nicht im alleinigen Interesse des Vertretenen zn führen habe. Die Willenseinwirkung auf die Führung der Vertretung kann dem Vertretenen das Gesetz verschließen, das den Vertreter beruft, wie es bei der Vertretung Handlungsunfähiger, bei der Sequestration einer Sache durch Verfügung des Gerichtes der Fall ist. Sie kann ihm durch den privaten Willensakt, auf den der Vertreter seine Legitimation stützt, entzogen sein, und er kann aus eigener Entschließung auf sie verzichten. Ein Beispiel des ersten Falles bietet die Einsetzung eines Testamentsvollstreckers, ein Beispiel des zweiten die Übertragung der Vertretung der offenen Handelsgesellschaft an einzelne Gesellschafter durch die übrigen, die Ernennung eines Sequesters durch Vereinbarung der Prätendenten. Aus der Selbständigkeit dieser Vertreter in der Führung der ihnen übertragenen Geschäfte folgt noch nicht, daß sie diese nun auch im eigenen Namen vornehmen wollen und dürfen.

Wessen Interesse der Vertreter im Auge zu behalten hat, darüber entscheiden die Motive des Willens, aus dem er seine Vertretungsbefugnis ableitet. Wo die Vertretung auf einen privaten Willensakt zurückgeht, ist anzunehmen, daß das Interesse des Vertretenen maßgebend sein soll. Anders bei der gesetzlichen Vertretung. Dem Unmündigen giebt das Gesetz den Vertreter nm seiner selbst willen, dem Kridar untersagt es um der Gläubiger willen die Ausübung seines Dispositionsrechtes über die Masse und überträgt sie dem Konkursverwalter, damit er die Interessen des Gemeinschuldners und die der Konkursgläubiger gleichmäßig wahrnehme.

Bei dieser Auffassung des Stellvertretungsbegriffes besteht kein Grund, die Möglichkeit einer gesetzlichen Vertretung prozeßfähiger Personen zu leugnen, wie es als ferneres Argument gegen die Vertreterqualität des Konkursverwalters geltend gemacht wird.[1] Es muß nach dem Gesagten bestritten werden, daß es zum Begriffe der gesetzlichen Vertretung gehöre, daß sie solchen, denen die Fähigkeit zur eigenen Ausübung ihrer Rechte mangele, den Rechtsgenuß zu vermitteln bestimmt sei. Gesetzlicher Vertreter ist der-

[1] Vergl. die Zitate S. 9, Anm. 1 und Stegemann, S. 12.

jenige Vertreter, der seine Vertretungsbefugnis unmittelbar aus dem Gesetze ableitet, begrifflich ist die gesetzliche Vertretung von der gewillkürten nicht verschieden und eine gesetzliche Vertretung prozeßfähiger Personen daher denkbar, sofern ein Rechtssatz besteht, der dem Vertreter als Titel dient.[1]

Der Hinweis auf den zu engen Wortlaut der § 51 und 55 der C.P.O. ist schon an und für sich durchaus nichtssagend und wird dadurch völlig entkräftet, daß die Prozeßordnung in § 693 und 694 selbst gesetzliche Vertreter prozeßfähiger Personen, nämlich der unbekannten oder abwesenden, darum aber noch nicht prozeßunfähigen Erben des Exequendus kennt.[2]

Die der Rechtsstellung des Konkursverwalters durchaus analoge des Zwangsverwalters kann nicht anders, als jene, aufgefaßt werden. Aus dem dargelegten Begriffe der Stellvertretung und der aus ihm sich ergebenden Möglichkeit einer gesetzlichen Vertretung prozeßfähiger Personen folgt ohne weiteres, daß der Sequester als Vertreter des unbekannten dominus der sequestrierten Sache, der Grundstücksverwalter nach § 872 Abs. 3 des Entw. d. B.G.B. als Vertreter des künftigen Grundeigentümers zu denken sei.[3] Warum der Testamentsvollstrecker ein eigenes Recht an der Erbschaft haben und der Liquidator oder vertretende Gesellschafter der offenen Handelsgesellschaft nicht Vertreter der Gesellschafter sein soll, ist nicht ersichtlich. Eccius[4] wendet ein, die Person des von dem Sequester Vertretenen müsse, die Person des von dem Testamentsvollstrecker Vertretenen könne ungewiß sein, ohne einen bestimmten parteifähigen Kläger oder Beklagten sei aber der Prozeß undenkbar. Dem Prozesse fehlt der bestimmte parteifähige Kläger oder Beklagte nicht, wenn nur deren Person zur Zeit noch unbekannt ist.[5] (Curator ventris.)

---

[1] Vergl. Wach, Handb., I, S. 586 fg. 589 fg.; Stegemann, S. 22 fg. macht dagegen geltend, das Gesetz sei nicht die alleinige Quelle der Vertretungsbefugnis des gesetzlichen Vertreters, sondern nur ihre formelle, ihre materielle aber sei die sich nötig machende Vermögensverwaltung. Diese materielle Quelle ist nichts anderes als der Bestimmungsgrund des Gesetzes und darum gerade nicht Quelle der Vertretungsbefugnis. Warum der Konkursgläubiger als Vertreter der Gläubiger nicht Vertreter einer unbestimmten Personenreihe solle sein können (Stegemann, S. 31), hätte näher dargelegt werden müssen.

[2] Diesen Hinweis auf § 693. 694 verdanke ich einer mündlichen Anregung des Herrn Geh. Hofrat Prof. Dr. Wach.

[3] Die Auffassung der Motive, vergl. Bd. III, S. 327, wo freilich über die Person des Vertretenen nicht entschieden wird.

[4] Bei Gruchot, XXXIII, S. 735.

[5] Oetker, a. a. O. und Stegemann, S. 37. 47 führen noch den Staatsanwalt im Entmündigungsverfahren als Partei kraft seines Amtes, „Partei ohne selbstisches Interesse" an, Stegemann, indem er sich dabei auf R.G. C.S. XVIII,

5. Nach Kohler[1] soll im Falle des § 73 C.P.O. der aus dem Prozesse ausscheidende Beklagte durch seinen Austritt dem ihm succedierenden auctor laudatus Prozeßstandschaft übertragen. Dieser werde dadurch Partei und vertrete zugleich sein eigenes Interesse. Die Entscheidung treffe sowohl sein Recht, wie das des ausscheidenden Beklagten. Die in Abs. 4 des § 73 ausgesprochene Rechtskraftwirkung des gegen den auctor ergehenden Urteils gegen den Detentor reicht zur Rechtfertigung dieser Ansicht nicht hin. § 73 C.P.O. soll ermöglichen, den durch die Berufung des Detentors auf seinen Auktor überflüssig gewordenen Prozeß zwischen ihm und dem Prätendenten zu vermeiden. Der Eintritt des Auktors in den Prozeß bewirkt nicht nur einen Wechsel in der Person seines einen Subjektes, sondern auch in der Streitsache. Zwischen dem zur Klage passiv legitimierten Auktor und dem Prätendenten soll nunmehr erkannt werden, von dem Rechtsverhältnis zwischen dem Prätendenten und dem Detentor ist nicht mehr die Rede. Die Rechtskraftwirkung des nunmehr ergehenden Urteils gegen den Detentor ruht auf positiver Vorschrift und findet ihre Rechtfertigung darin, daß der Detentor seine Verteidigung lediglich auf das Recht des Auktors abgestellt hat. Es muß daher auch der Ansicht von Stegemann[2] widersprochen werden, der in dem Detentor nach wie vor dem Eintritt des Auktors das Subjekt der res in iudicium deducta erblickt.

6. Der Konstruktion des § 236 C.P.O. auf Grund eines civilistischen Rechtes des Veräußerers gegen den Erwerber, wie es Kohlers „Prozeßstandschaft" wäre,[3] muß unbedingt widersprochen werden, denn sie läßt sich mit der Logik und Tendenz des Gesetzes nicht in Einklang bringen. Dieses will den Gegner gegen die ihm nachteiligen Folgen der Veräußerung der res litigiosa schützen und statuiert deshalb die Pflicht des Veräußerers, im Prozesse zu bleiben, das Recht des Gegners, sein Verharren im Prozesse zu fordern. Daraus folgt wohl, daß der Erwerber im Falle des ihm ungünstigen

---

S. 405 fg. stützt. Der Staatsanwalt im Zivilprozesse, in Ehesachen, wie im Entmündigungsverfahren, ein grundsätzlicher Unterschied besteht nicht, R.G. C.S. vom 30. Juni 1887, XVIII, S. 407 fg., ist, wie im Strafprozesse, nicht sowohl Partei kraft seines Amtes, als Repräsentant seines Amtes, Organ der Staatsgewalt. In der von Stegemann angezogenen Entscheidung wird mehr behauptet, als bewiesen, und die Parteistellung des Staatsanwalts auch nur als singuläre Erscheinung behauptet (S. 406). Gegen die Verwertung gerade des Ehe- und Entmündigungsprozesses für unsere prozessualen Begriffe dürfte überhaupt manches einzuwenden sein.

[1] Bei Busch, XII, S. 151.

[2] S. 62 flg.

[3] Bei Busch, XII, S. 101 fg.

Ausganges des Rechtsstreites aus der Prozeßführung des Veräußerers an sich keinerlei Ansprüche gegen diesen hat. Aber man darf hieraus doch nicht ein Recht des Veräußerers machen, über fremde Rechte zu disponieren. Was sollte das für ein Recht sein? Es wäre gegeben nicht um des Berechtigten willen, sondern im Interesse eines anderen, der Gegenpartei. Es würde erlöschen durch Willenseinigung zwischen dem Berechtigten und einem Dritten, der Gegenpartei. Dieses Rechtes aber sich zu entäußern, wäre dem Berechtigten versagt, wenn nicht sowohl der Verpflichtete, wie ein Dritter, der Gegner, zustimmen.

Allerdings scheint der hier verteidigte Parteibegriff an § 236 C.P.O. zu scheitern. Der Veräußerer der res litigiosa hört mit der Veräußerung auf, Partei des Rechtsstreites im materiellen Sinne zu sein. Subjekt des streitigen Rechtsverhältnisses wird durch die Veräußerung der Erwerber. Aber er wird, wenn er nicht in den Prozeß eintritt, nicht Subjekt des Prozeßrechtsverhältnisses. Diese Anomalie dürfte sich am ungezwungensten als das erklären lassen, was sie ist, als Anomalie, singuläres Recht, bestimmt, unter sich unvereinbare Interessen gleichmäßig zu wahren. Für diese Auffassung spricht auch, daß § 236 die Hauptintervention des Erwerbers für unstatthaft erklärt, und ihm, wenn er akzessorisch interveniert, die Rechtsstellung des streitgenössischen Intervenienten versagt, während sowohl nach § 61 C.P.O. die Voraussetzungen der Hauptintervention, wie nach § 66 C.P.O. die der streitgenössischen Nebenintervention gegeben wären. Also Ausnahmerecht auch nach dieser Richtung. Die Heranziehung des § 236 zur Kritik des Parteibegriffes muß daher abgelehnt und Oetker und Stegemann[1] darin beigetreten werden, daß § 236 lediglich aus Rücksichten prozessualer Zweckmäßigkeit zu erklären sei. Es ist ihnen jedoch zu widersprechen, insofern sie, sachlich mit Kohler übereinstimmend, aus § 236 ein Recht des Veräußerers ableiten, über ein ihm fremdes Rechtsverhältnis zu prozessieren. Es ist anzunehmen, daß der Veräußerer, wenn er im Prozesse bleibt, auch Partei bleibe, trotzdem er aufgehört hat, Subjekt der Streitsache zu sein.

Eher, als die besprochenen Fälle könnte die formelle Parteifähigkeit der civilistisch im eigenen Namen geschäftsfähigen Personenmehrheiten und Vermögenskomplexe Anlaß geben, an der Richtigkeit des aufgestellten Parteibegriffes zu zweifeln. Aber die formelle Parteifähigkeit macht jene Personenmehrheiten und Vermögenskomplexe ebensowenig zu Subjekten des Prozesses, wie ihnen die

[1] Oetker, a. a. O.; Stegemann, S. 57—62.

lediglich formelle civilistische Geschäftsfähigkeit privatrechtliche Persönlichkeit verleiht.[1]

Nur denjenigen Subjekten des materiellen Streitverhältnisses kommt die Parteistellung zu, die zugleich nach der prozessualen Seite als Parteien, als Subjekte des Prozesses auftreten. Es sind Rechtsverhältnisse des Civilrechts denkbar, deren Einheit durch eine Mehrheit der subjektiven Beziehungen nicht berührt wird, wie z. B. ein Dienstbarkeitsverhältnis zwischen Grundstücken, an deren einem Miteigentum stattfindet. Der Miteigentümer, der dem anderen interveniert, wird trotz der Kongruenz seiner Rechtsstellung mit derjenigen des Interventen nicht Partei.[2]

II.

Ein „Dritter" im Verhältnis zu einem konkreten Civilprozesse ist nach dem gesagten jede von den Organen der Rechtspflege unterschiedene Person, die in diesem Prozesse nicht Partei ist, mag sie im Prozesse selbst auftreten, wie z. B. der prozessuale Vertreter, der Zeuge, oder mag sie völlig außerhalb des Prozesses stehen. Die Zuschiebung und Zurückschiebung des Eides an einen Dritten ist nach § 414 S. 1 C.P.O. grundsätzlich unzulässig. Die Prozeßordnung hält jedoch an dieser grundsätzlichen Unzulässigkeit nicht ausnahmslos fest. Ausnahmen läßt sie stattfinden einmal im Zusammenhange mit der besonderen Rechtsstellung gewisser im Prozesse auftretender, gleich den Parteien prozessualisch rechtsgeschäftlich handelnder Dritter, des gesetzlichen Vertreters, des Nebenintervenienten, nicht auch des Streitgenossen in den von § 434 getroffenen Fällen, sodann durch die positiven Bestimmungen des § 415.

1. Die Eidesleistung ist nach § 440 C.P.O. eine höchstpersönliche Handlung, eine Vertretung darin giebt es nicht. Von diesem Prinzip ist eine Ausnahme zu machen, wenn der Eid einer prozeßunfähigen, also eidesunfähigen Partei in Frage steht. Wollte die

---

[1] S. Wach, Handb., I, S. 520 fg.

[2] Näheres hierüber s. unter Abschnitt II, 2. 3. Über den Parteibegriff Renauds und von Cansteins s. ebendort. Vergl. ferner noch über den Parteibegriff Osterloh, Lehrb. des gem. C.P., I, S. 242; Wetzell, Syst., 3. Aufl., S. 38 fg.

Prozeßordnung an dem im modernen Recht ausgebildeten Prinzip der unmittelbaren Stellvertretung[1] festhalten, so würde der gesetzliche Vertreter einer prozeßunfähigen Partei den der Partei zugeschobenen Eid zu schwören haben und seine Eidesleistung wirken müssen, als hätte die Partei selbst geschworen. Denn die Handlung des Vertreters ist, wenn auch eigene Handlung, doch nicht Handlung im eigenen Namen, sondern Vertreterhandlung, bestimmt, Wirkungen nur in der Person des Vertretenen hervorzubringen und wirkend für und gegen diesen, als ob er sie selbst vorgenommen hätte.[2] Hiernach würde hinsichtlich der Thatsachen, über die dem Prozeßunfähigen der Eid zugeschoben oder zurückgeschoben werden darf, eine Besonderheit nicht gelten. § 410, 413 C.P.O. würden ohne jede Einschränkung platz greifen, und wenn eine Mehrheit gesetzlicher Vertreter vorhanden wäre, so würden diese ohne Ausnahme den der vertretenen Partei zugeschobenen Eid in deren Namen zu leisten haben.[3]

Die Prozeßordnung hat diese Regelung nicht getroffen. Nach § 435 soll dem gesetzlichen Vertreter selbst zugeschoben und zurückgeschoben werden. Daß hierbei nicht an eine Zuschiebung im Namen der Partei gedacht ist, geht aus den Bestimmungen in § 435 Abs. 1 und § 436 hervor, nach denen die Person des gesetzlichen Vertreters für die Zulässigkeit des Eides rücksichtlich der zu beschwörenden Thatsachen von ausschlaggebender Bedeutung ist. Das Gesetz verläßt mithin das Prinzip der direkten Stellvertretung und statuiert die Notwendigkeit der Zuschiebung oder Zurückschiebung des Eides an einen Dritten. Seine Erklärung findet es in dem Gedanken der Höchstpersönlichkeit der Eidesleistung: nur derjenige soll schwören, dem zugeschoben oder zurückgeschoben ist, niemand kann den einem anderen zugeschobenen Eid schwören. Es kann darum der Meinung nicht beigetreten werden, die in den Bestimmungen der §§ 435, 436 weder eine Abweichung von dem Grundsatze der Unzulässigkeit der Eideszuschiebung an Dritte, noch von den sonstigen Vorschriften der Prozeßordnung über die Rechtsstellung des gesetzlichen Vertreters erblickt.[4]

---

[1] Ausgesprochen von der C.P.O. für den Bevollmächtigten in § 75. 81. 85, Abs. 2. 86, Abs. 2.

[2] Vergl. Windscheid, I, S. 206 fg.; Wach, I, S. 557. 558. 562—564. 566. 586, Anm. 1; Planck, I, S. 220. 221.

[3] Vergl. von Bülow, § 435, A. 1. In der im Text bezeichneten Art bestimmte § 417 des Entw. (= § 435 C.P.O.). Die jetzige Fassung erhielt § 435 in der Reichstagskommission auf Antrag des Abg. Baehr, Prot. S. 180 (Hahn, Mat., 2. Aufl., I, S. 667). Vergl. noch das sächs. Ges. vom 20. Aug. 1879 (Ges.- und Ver.-Bl., S. 323 fg.), § 7, Abs. 2.

[4] Man sagt, der gesetzliche Vertreter gelte als Partei, er habe die Befug-

Die § 435 und 436 gelten nicht ausnahmslos. Minderjährigen, die das sechzehnte Lebensjahr zurückgelegt haben, und Verschwendern kann über eigene Handlungen und thatsächliche Wahrnehmungen der Eid zugeschoben und zurückgeschoben werden, wenn der Gegner einen dahingehenden Antrag stellt und das Gericht nach den Umständen des Falles die Zuschiebung oder Zurückschiebung für zulässig erklärt, § 435 Abs. 2.

Gerade in dieser Bestimmung tritt klar hervor, daß die Eidesunfähigkeit des Vertretenen für die in § 435 Abs. 1, 436 C.P.O. getroffene Regelung maßgebend gewesen ist. Es würde demnach ungerechtfertigt sein, § 435 und 436 auf die gesetzliche Vertretung prozeßfähiger Parteien zu übertragen, gleichviel, ob ein Fall notwendiger oder abwendbarer Stellvertretung vorliegt. Eine Ausnahme wird nur für diejenigen lediglich formell parteifähigen Personenmehrheiten zu machen sein, deren Organisation ihre prozessuale Gleichstellung mit den juristischen Personen rechtfertigt.[1]

2. Der Nebenintervenient ist, wie bereits ausgeführt wurde, nicht Prozeßsubjekt, nicht Partei, folglich im Verhältnis zu dem Prozesse des Interventen ein Dritter. Eine Parteistellung des Nebenintervenienten nimmt man einmal an, indem man ihn als „Nebenpartei“ bezeichnet.[2] Nebenpartei wäre nach der hier verteidigten Auffassung des Parteibegriffes diejenige Person, die zugleich Subjekt des streitigen Anspruchsverhältnisses wäre und als Subjekt des prozessualen Rechtsverhältnisses aufträte, das aber

---

nisse einer solchen, darum sei es nur konsequent, daß ihm der Eid zugeschoben und zurückgeschoben werde. S. Mot., S. 77. 286 (Hahn, Mot., 2. Aufl., S. 169. 339); R.G. C.S., XV, S. 303 fg., XXI, S. 181 fg.; Struckmann-Koch, § 435, A. 3, § 440, A. 1; Seuffert, § 440, A. 1; Gaupp, § 435, A. II, § 440, A. I; Wilmowski-Levy, § 435, A. 1; Siebenhaar, § 435, A. 1; von Bülow, § 435, A. 1; Thiele im civ. Arch., Bd. 82, S. 50 ff. Ähnlich auch Planck, I, S. 224, dagegen wie hier II, Abt. I, S. 298. Vergl. ferner Wach, Vortr., S. 167 und Handbuch, I, S. 562, A. 11. Nach Übel, §§ 435. 436, A. 2. 5 ist der gesetzliche Vertreter Partei hinsichtlich der Delation, der Vertretene bleibt aber „neben ihm“ Partei. Nach Siebenhaar, zu § 436, sind die mehreren gesetzlichen Vertreter „in einem gewissen Sinne“ Streitgenossen.

[1] Vergl. R.G., C.S., IV, 155 fg., VIII, 121 und Wach, I, S. 521 fg., Z. 2. Über die offene Handelsgesellschaft vergl. Wach, I, S. 522—531, insbesondere S. 528, Z. 3 und S. 531, A. 32. Über die Frage, ob der vertretende Gesellschafter als gesetzlicher oder gewillkürter Vertreter zu betrachten sei, s. Wach, I, S. 591, dagegen Planck, I, S. 211, A. 12. Über die landesgesetzlichen Bestimmungen hinsichtlich der Eidesleistung der Landesherren u. s. w. vergl. Wach, I, S. 561, A. 10, S. 590, A. 8.

[2] Vergl. Renaud, Lehrb., S. 109; von Canstein, Lehrb. des öst. C.P., I, S. 432, und bei Busch, VIII, S. 218; Francke, Nebenparteien, S. 1 fg. 94 fg. 110 fg. 113. Dagegen Wach, Handb., I, S. 613 fg.

doch nur in Unterordnung unter einen anderen, die Hauptpartei. Ein solches Rechtsverhältnis wäre an sich nicht undenkbar, der Prozeßordnung ist es jedenfalls nicht bekannt. Denn daraus, daß sie an mehreren Stellen den Interventen als „Hauptpartei“ bezeichnet,[1] folgt noch nicht, daß sie das Rechtsverhältnis des Intervenienten in dieser Weise erfaßt wissen will. Wenn man freilich „Partei“ jeden nennt, der im eigenen Namen ein rechtliches Interesse vor Gericht geltend macht oder machen läßt,[2] so ist es nur konsequent, dem Nebenintervenienten eine Parteistellung einzuräumen. Diese Auffassung des Parteibegriffes ist jedoch abzulehnen. Nach ihr wäre Partei z. B. auch der Zeuge, der über seine Verweigerung des Zeugnisses mit den Parteien in einen Zwischenstreit verwickelt wird (§ 352 C.P.O.). Nicht das eigene Interesse irgend welcher Art, das jemand im Prozesse geltend macht, reicht hin, ihm die Parteistellung zu verschaffen. Das Interesse, das die Partei verfolgt, ist gerichtet auf Erlangung des Rechtsschutzes für sie selbst, des Schutzes ihrer Rechtstellung in dem in den Prozeß gezogenen Anspruchsverhältnisse. Der Nebenintervenient erstrebt hingegen nur die Befriedigung des von der Partei erhobenen Rechtsschutzbegehrens, für seine Person erstrebt er Rechtsschutz nicht. Er ist darum nicht Partei, sondern Parteigehilfe, wenn auch aus eigenem Interesse (§ 63 C.P.O.). Übrigens kann es überhaupt nicht als berechtigt anerkannt werden, daß man den Begriff der Partei aus dem Momente der Interessenverfolgung bestimmt. Der Beklagte kann völlig passiv bleiben, sich also von vornherein der Verfolgung seiner Interessen im Prozesse entschlagen.[3]

In einem anderen Sinne giebt man dem selbständigen Nebenintervenienten eine Parteistellung. Er soll nicht Nebenpartei sein, sondern Streitgenosse, Partei im vollen Sinne des Wortes.[4] Aber auch der selbständige Nebenintervenient ist, mag er die gleichen Beziehungen zur Streitsache haben, wie der Intervent, Partei des im Streit befangenen materiellen Rechtsverhältnisses sein, nicht Prozeßsubjekt, für den Prozeß nicht Partei. Über die Rechts-

---

[1] Vergl. C.P.O., § 64. 65. 66.

[2] Renaud, Canstein, a. a. O.

[3] Aber eine aktiv werdende Partei „ohne selbstisches Interesse“ muß nach den Ausführungen in Abschn. I als undenkbar bezeichnet werden, wie gegen Oetker, Jurist. Litt., Bl. II, S. 189, Stegemann, a. a. O., S. 53—56 (s. bes. S. 56) bemerkt werden mag.

[4] von Canstein, a. a. O.; Wilmowski-Levy, § 66, A. 1; Endemann zu § 66; dagegen Wach, Handb., I, S. 646 fg.; Seuffert, § 66, A. 2; Gaupp, § 66, A. II, R.G.E. vom 19. März 1884 bei Seuffert, Arch., XXXIX, S. 468 ff.

stellung des selbständigen Nebenintervenienten äußert sich, wie zugegeben werden muß, § 66 C.P.O. nicht mit Zweifel ausschließender Bestimmtheit. Mit den Worten, daß er „als Streitgenosse gelte,“ läßt sich sowohl die Auffassung, die in ihm einen wirklichen Streitgenossen erblickt, wie die gegenteilige vereinen. Dasselbe gilt von § 414, der davon spricht, daß der selbständige Nebenintervenient „als Streitgenosse anzusehen“ sei. Aber es ist unverkennbar, daß die Prozeßordnung auch den selbständigen Intervenienten als Nebenintervenienten auffaßt.

Der Beitritt auch des selbständigen Intervenienten, mag er erfolgen zugleich mit der Klagerhebung oder während bereits schwebenden Rechtsstreits,[1] vollzieht sich in der Form des Interventionsaktes (§ 67). Das ergiebt sich aus der Stellung des § 67 hinter § 66 und daraus, daß die Prozeßordnung in § 66 auch den selbständigen Intervenienten als Nebenintervenienten bezeichnet. Wäre der selbständige Intervenient Streitgenosse, so müßte er als klägerischer Intervenient durch Erhebung selbständiger Klage, verbunden mit dem Gesuch um Verbindung der Prozesse, in den Prozeß des Interventen eintreten. Der Beitritt des beklagtischen Intervenienten wäre dagegen lediglich in die Willkür des Gegners gestellt. Nun aber steht der Interventionsakt weder einer Klagerhebung gleich (vgl. § 230 und 67), noch kann er dem Intervenienten des Beklagten die Befugnis geben, eigenmächtig die Klage auf sich als Partei zu erstrecken. Für den Eintritt eines Beklagten in einen schwebenden Prozeß ohne Klaghandlung des Gegners mangelt, von den Successionsfällen abgesehen, nach dem Rechte der Prozeßordnung durchaus die nötige Form.

Ein fernerer Beweis gegen die Annahme einer wirklichen Streitgenossenschaft in den Fällen des § 66 ist aus § 753 C.P.O. zu entnehmen. Dem Prozesse eines Gläubigers, für den eine Forderung gepfändet ist, gegen den Drittschuldner sollen sich alle übrigen Forderungspfandgläubiger „als Streitgenossen anschließen“ dürfen. Es besteht demnach ein Unterschied zwischen dem Eintritt eines Streitgenossen in einen schwebenden Rechtsstreit und der Inter-

---

[1] Auf diesen Unterschied legt von Canstein a. a. O. großes Gewicht. Er nennt Intervention nur den Eintritt in einen schwebenden Rechtsstreit, und unterscheidet zwischen Nebenintervention, der des abhängigen, und streitgenössischer Intervention, der des selbständigen Nebenintervenienten. Der zugleich mit der Klagerhebung eintretende Nebenintervenient ist nach seiner Meinung Nebenpartei oder Streitgenosse, aber nie Intervenient. Die Intervention führt aber ihren Namen der Beteiligung eines Dritten an einem ihm fremden Prozeßverhältnisse wegen, Eintritt in einen schwebenden Rechtsstreit ist zum Begriffe der Intervention weder nötig, noch genügend (§ 753 C.P.O.).

vention des § 66. Diese vollzieht sich in der von § 67 vorgeschriebenen Form, für jenen muß, wenn nicht Erhebung selbständiger Klage, eine Anschlußerklärung gefordert werden, durch die der beitretende Gläubiger die Klage des bereits im Prozesse befindlichen zu der seinigen macht. Dagegen braucht er sein Interesse am Beitritt nicht anzugeben (§ 67 Nr. 2).

§ 66 ist hiernach dahin auszulegen, daß der selbständige Intervenient als Streitgenosse gilt, aber Intervenient ist, daß er die Rechte und Pflichten eines Streitgenossen hat, soweit sich nicht aus seiner Intervenientenstellung ein anderes ergiebt.[1] Hinsichtlich der Eideszuschiebung an den selbständigen und den abhängigen Nebenintervenienten legt § 414 S. 2 C.P.O. die allgemeinen Grundsätze der § 64 und 66 authentisch dahin aus, daß die Delation an den selbständigen Intervenienten statthaft, die Delation an den abhängigen Intervenienten, von einer Ausnahme nach § 415 abgesehen, grundsätzlich unzulässig sein soll.

3. Nach der herrschenden Lehre ist das streitgenössische Verfahren in allen Fällen eine nur formelle Verbindung subjektiv gehäufter Prozesse zwischen je zwei Gegnern. Der Streitgenosse ist Dritter im Verhältnis zu den Prozessen der anderen. Würde diese Auffassung auch für diejenigen Fälle der Streitgenossenschaft für zutreffend zu erachten sein, in denen Notwendigkeit einheitlicher Entscheidung in der Hauptsache besteht, so würde § 434 C.P.O. neben der Delation und Relation durch und an die Partei eine solche durch und an Dritte vorschreiben, mithin eine Ausnahme von dem Prinzip des § 414 darstellen. Es muß jedoch bestritten werden, daß in den von § 434 ergriffenen Fällen eine Vielheit der Prozeßrechtsverhältnisse, eine subjektive Klagenhäufung stattfinde.

Eine nähere Untersuchung darüber, welche Fälle des materiellen Rechts nach § 434 zu beurteilen seien, muß hier unterbleiben. Diese Frage läßt sich nur aus dem positiven Rechte beantworten.[2] Jedoch darf als feststehend betrachtet werden, daß es sich hier handelt um Gemeinschaftsverhältnisse, Gesamtrechtsverhältnisse,

---

[1] Francke, Nebenparteien, S. 113, erblickt auch in dem selbständigen Nebenintervenienten eine „Nebenpartei‘, nur soll diese erweiterte Rechte haben. Sie soll sich von einer Hauptpartei nur dadurch unterscheiden, daß sie in der Sache keine Verurteilung erleiden oder erwirken und die Grenzen des Rechtsstreites nicht durch Sachantrag erweitern könne. Er stimmt mit der hier vertretenen Auffassung insofern überein, als er in dem selbständigen Intervenienten keinen wirklichen Streitgenossen, sondern nur einen Nebenintervenienten mit erweiterten Rechten erblickt.

[2] Vergl. hierzu und zum folgenden bes. Hachenburg, „Die besondere Streitgenossenschaft“, S. 1—6. 79—92. 97—125.

deren Inhalt zwischen allen Subjekten der einen und anderen Seite der gleiche sein muß. Darum ist dem einzelnen teils die freie Disposition verschlossen, teils wirken seine Akte auch für die übrigen Genossen. Das objektive Recht spricht damit aus, daß es jene Rechtsverhältnisse als unteilbar betrachtet. Die Beziehungen zwischen einzelnen Subjekten können aus dem Gesamtrechtsverhältnisse nicht ausgeschieden werden und als ein selbständiges Rechtsverhältnis abgesonderte Existenz erlangen. Ein Beispiel bieten die Dienstbarkeitsverhältnisse zwischen Grundstücken, an deren einem Miteigentum stattfindet, oder die Rechtsverhältnisse einer formell parteifähigen Personenmehrheit. Aus der Unteilbarkeit dieser Rechtsverhältnisse ergiebt sich aber ihre Einheit. Die Beziehungen zwischen den einzelnen Subjekten stellen sich nicht als selbständige Rechtsverhältnisse, sondern lediglich als Elemente dieser Einheit dar.

Steht die Einheit des in Streit befangenen Rechtsverhältnisses fest, so folgt daraus die Identität des Prozeßzweckes für alle durch die Streitgenossenschaft vereinigten Subjekte. Nur über das eine Rechtsverhältnis soll allen gegenüber erkannt werden. Aus der Identität des Prozeßzweckes muß aber auch die Einheit des prozessualen Rechtsverhältnisses geschlossen werden.[1] Sie besteht trotz der Vielheit seiner subjektiven Beziehungen. Das Verfahren ist nicht nur formell, sondern formell und materiell ein einheitliches, das Urteil nicht die Zusammenfassung mehrerer gleichlautender, sondern auch begrifflich nur eines. Damit ist nicht gesagt, daß als Kläger oder Beklagter die Gesamtheit der Genossen als ein besonderes Rechtssubjekt zu denken sei. In der Kläger- oder Beklagtenrolle tritt eine Mehrheit von Subjekten auf, der einzelne ist darum nicht Dritter im Verhältnis zu dem streitgenössischen Prozesse, er ist Teilnehmer an der Parteienrolle, Partei. § 434 C.P.O. enthält darum keine Ausnahme von dem Prinzip der Unzulässigkeit der Eideszuschiebung an Dritte, sondern regelt nur die Besonderheiten derjenigen Fälle, in denen eine Mehrzahl von Klägern oder Beklagten im formell und materiell einheitlichen Verfahren auftritt.[2]

---

[1] Vergl. Wach, Handb., I, S. 36 fg.

[2] Die herrschende Lehre hält daran fest, daß sich die Notwendigkeit einheitlicher Entscheidung in gewissen Fällen der Streitgenossenschaft aus der Eigentümlichkeit des materiellen Rechtsverhältnisses ergebe. Welche Rechtsverhältnisse jedoch im einzelnen hierher zu rechnen seien, darüber herrscht lebhafter Streit. Vergl. bes. die Kommentare zu § 59 C.P.O. und Mot., S. 82 fg. (Hahn, Mat., 2. Aufl., I, 173 fg.); Wach, Kr.-V.-J.-Schr., XIV, S. 345 fg. — Planck, Mehrheit, S. 419 fg., leugnet überhaupt, daß Notwendigkeit einheitlicher Entscheidung bestehen könne, während Wilmowski-Levy, § 415, A. 1 und von Amelunxen, Notw. Streitgenossenschaft, S. 61 fg., die Notwendigkeit ein-

4. Die am weitesten gehende Ausnahme von dem Prinzip der Unzulässigkeit der Delation an Dritte enthält § 415. Der Eid soll ganz allgemein jedem Dritten zugeschoben und zurückgeschoben werden können, wenn die Parteien in betreff des zu leistenden Eides einig sind und das Gericht anordnet, daß von dem bezeichneten Grundsatze abgegangen werden dürfe.[1] Von diesen beiden Voraussetzungen der Zulässigkeit der Delation und Relation an Dritte soll im folgenden Abschnitt ausführlich gehandelt und hier nur hervorgehoben werden, einmal, daß § 415 nur subsidiäre Geltung hat, dort nicht anzuwenden ist, wo die Zuschiebung und Zurückschiebung nach anderen Bestimmungen zulässig erscheint, sodann, daß insbesondere die Zuschiebung und Zurückschiebung an den abhängigen Nebenintervenienten nach § 415 zu beurteilen ist, (vergl. § 414 und 415. 435 C.P.O.).

III.

I. Damit dem Dritten zugeschoben oder zurückgeschoben werden könne, wird einmal gefordert, daß das Gericht die Zulässigkeit der Delation oder Relation trotz des Verstoßes gegen § 414 ausspreche. Wie § 415 sagt, „kann" das Gericht die Zulassung des irregulären Eides anordnen, ob es sie anordnen will, steht in seinem freien Ermessen. Es hat bei seiner Entscheidung nicht nur zu prüfen,

heitlicher Entscheidung allein auf die Unteilbarkeit der richterlichen Überzeugung zurückführen, trotzdem aber Kategorieen aufstellen, die nach § 434 zu beurteilen sein sollen.

Einheit des Prozeßrechtsverhältnisses in den Fällen der notwendig einheitlichen Entscheidung nimmt an Wach, a. a. O. und Handb., I, S. 36 fg.; ähnlich von Amelunxen, S. 7 fg., während Mehrheit der Prozeßrechtsverhältnisse für alle Fälle der Streitgenossenschaft behaupten: Wetzell, Syst., S. 40 fg. 822 fg. 826 fg.; Osterloh, Lehrb. d. gem. d. C.P., I, S. 246 fg.; Renaud, S. 143 fg. 148; Bayer, Vortr., S. 127 fg. 542 fg.; Planck, Mehrheit, S. 69. 105 fg. 385 fg., Lehrb., I, S. 208; von Canstein, Lehrb., I, S. 457 fg., Mot. zu § 58, S. 80 (Hahn, Mat., 2. Aufl., I, S. 172). Auch Hachenburg, bes. Streitgenossenschaft, nimmt Mehrheit des materiellen und prozessualen Rechtsverhältnisses an, spricht aber doch von der Unteilbarkeit des zivilistischen Gesamtrechtsverhältnisses.

[1] § 415 war im Entw. nicht enthalten. Er verdankt seine Entstehung einem Antrage des Abg. Baehr in der Reichstagskommission. Vergl. Prot., S. 169 fg. 688 fg. (Hahn, Mat., 2. Aufl., I, S. 659, II, S. 1059 fg.).

inwieweit der Parteidisposition ohne Verletzung der Heiligkeit des Eides Freiheit gestattet werden kann, d. h. ob nicht ein Eid in Frage steht, dem nur geringe materielle Überzeugungskraft zukommt; es hat sich auch über die Zweckmäßigkeit der Zuschiebung oder Zurückschiebung an den Dritten im konkreten Falle schlüssig zu machen, vermöge seines Prozeßleitungsamtes zu erwägen, ob sie der Förderung des Rechtsstreites dienlich sei. Dagegen steht ihm kein Recht zu, auch zu untersuchen, ob sie im Interesse dieser oder jener Partei liege: dies würde eine Verletzung der Dispositionsmaxime sein.[1]

Aus dem Gesagten geht hervor, daß das Gericht über die Zulassung des irregulären Eides nicht entscheiden kann, wenn nicht mindestens sein Thema und die Person des Dritten, dem zugeschoben oder zurückgeschoben werden soll, feststehen. Nur einen konkreten, gegen § 415 verstoßenden Eid kann es für statthaft erklären, die Befugnis, ganz allgemein die Zulässigkeit der Delation und Relation an Dritte auszusprechen, wird ihm durch § 415 nicht gegeben.

II. Die Zulassung des irregulären Eides durch das Gericht hat weiter zur Voraussetzung, daß die Parteien „in betreff des zu leistenden Eides einig" sind. Die Frage ist: worauf hat sich dieses Einverständnis zu erstrecken und wie kommt es zustande?

Aus der unbestimmten Fassung des Gesetzes läßt sich ohne weiteres die Meinung des Gesetzgebers nicht ermitteln. Soviel läßt sie jedoch ersehen, daß eine Verständigung über die Zulässigkeit der Delation an einen Dritten ganz im allgemeinen nicht hinreicht, sondern daß eine Verständigung hinsichtlich des zu leistenden, des konkreten, jetzt in Frage stehenden Eides gefordert wird. Dafür ist einmal bestimmend, daß, wie bereits dargelegt, über gewisse Punkte ein Einverständnis bestehen muß, damit das Gericht sich über die Zulassung des irregulären Eides schlüssig machen könne; andererseits ist aus § 415 der Gedanke erkennbar, durch das Erfordernis eines Einverständnisses unter den Parteien die Nachteile auszugleichen, die aus der ihnen andererseits eingeräumten Dispositionsfreiheit der einen oder anderen erwachsen könnten. Endlich wird ihrer Einigung die Wirkung insoweit zu versagen sein, als sie sich auf Punkte erstreckt, die ihrer Disposition entrückt sind.

Ist daher die Zuschiebung an einen Dritten in Frage, so muß die Einigung der Parteien nach dem, was oben ausgeführt wurde, wenigstens das Thema des Eides und die Person des Dritten be-

[1] Vergl. auch von Sarwey, Komm. zu § 415.

stimmen, die Feststellung dieser Punkte kann nicht erst durch die Delationserklärung erfolgen, denn diese folgt der richterlichen Zulassung des vereinbarten Eides sowohl zeitlich, wie logisch. Weiter muß über jeden Punkt eine Einigung unter den Parteien erzielt sein, den die eine oder die andere durch die Einigung geregelt wissen will. Der irreguläre Eid soll dann nicht statthaft sein, wenn er in irgend einem von einer Partei für wesentlich erachteten Punkte deren Zustimmung nicht gefunden hat. Dagegen ist eine Einigung der Parteien über die Person des Deferenten oder die Form des an den Dritten zu deferierenden Eides unerheblich. Die Person des Deferenten bestimmt sich durch die Beweislast. Der Delation der beweisfreien Partei an einen Dritten steht der Richter nicht anders gegenüber, als wenn sie an den Gegner erfolgt wäre, der Beweispflichtige ist ohne weiteres beweisfällig. Die Beweislast aber ist der Disposition der Parteien entzogen, denn die Gesetze über die Beweislast bedeuten lediglich eine Anweisung für den Richter bei der Urteilsfindung.[1] Die Form des irregulären Eides hingegen hat das Gericht, ohne daß ihm durch eine Einigung der Parteien vorgegriffen werden könnte, nach den zwingenden Vorschriften des § 424 festzustellen.

Es kommt nicht darauf an, wie weit das Gericht ein Einverständnis für geboten erachtet. Objektiv läßt sich nur bestimmen, worauf sich die Verständigung der Parteien erstrecken muß und worauf sie sich nicht erstrecken darf, im übrigen bleibt ihrer Disposition freier Raum.

Soll dem Dritten der Eid zurückgeschoben werden, so steht das Thema bereits fest. Als Mindestmaß des Einverständnisses muß mithin hier eine Einigung lediglich über die Person des Dritten gefordert werden.

Demnach kann das Gericht den Eid des Dritten für zulässig erklären, wenn die Parteien einig sind darüber, daß einem Dritten und wem zugeschoben oder zurückgeschoben werden, darüber, was er beschwören soll, und darüber, daß ihr Einverständnis alle diejenigen Punkte umfaßt, über die eine von ihnen eine Verständigung gewünscht hat. Soweit die Einigung sich nicht auf solche Punkte erstreckt, die durch Vereinbarung der Parteien nicht geregelt werden können, ist der Richter, wenn er den irregulären Eid überhaupt zulassen will, an sie gebunden. Haben die Parteien z. B. sich auf eine bestimmte Norm geeinigt, gegen die er Bedenken trägt, so

[1] Vergl. Bülow im civ. Arch., 64, S. 62 fg.; Wach, ebenda, S. 220 fg.; Gaupp, § 415, A. 1. Dagegen Hoffmann bei Gruchot, 27, S. 127 fg.; Wilmowski-Levy, § 415, A. 3.

kann er wohl kraft seines Prozeßleitungsrechtes eine anderweite Verständigung der Parteien herbeizuführen suchen, oder die Zulassung des irregulären Eides überhaupt ablehnen, aber, wenn er ihn zuläßt, darf er ihn nicht abweichend von dem Abkommen der Parteien normieren.[1]

Damit das Einverständnis der Parteien über den dem Dritten zu deferierenden Eid ersichtlich werde, müssen die Parteien es zu erkennen geben. Die von § 415 geforderte Einigung kommt zu stande durch Erklärung des Einigungswillens seitens der Parteien. Diese Willenserklärung ist als prozessual erhebliche, von der Prozeßordnung autorisierte, auf Entwickelung des Prozeßrechtsverhältnisses abzielende Disposition der Prozeßsubjekte Rechtsgeschäft und als korrespektive rechtsgeschäftliche Erklärung zweier Subjekte Vertrag. Jede der Parteien will durch ihre Einigungserklärung dem Gegner gebunden sein, sie objektiviert sie und räumt dem Gegner die Macht ein, von ihr Gebrauch zu machen.[2]

Rechtssätze über die prozessualen Verträge giebt die Prozeßordnung nur vereinzelt. Wo diese nicht ausreichen, dürften die von der zivilistischen Theorie über den Vertrag überhaupt entwickeiten Grundsätze unbedenklich zu übertragen sein.

1. Die Erfordernisse, denen der Einigungsvertrag zu genügen hat, damit er giltig zu stande komme, sind die allgemeinen der Giltigkeit der Verträge überhaupt.

Eine besondere Form fordert § 415 für die Einigung über den irregulären Eid nicht. Nur muß sie, da sie ein Teil der mündlichen Verhandlung ist, in dieser, also vor dem Prozeßgerichte erfolgen.[3] Ist aber dieses Erfordernis erfüllt, so reicht jede formlose Willenserklärung zu ihrem Zustandekommen hin. Es genügt, wenn der rechtsgeschäftliche Wille irgendwie erkennbar wird. Eine ausdrück-

---

[1] Ein über das hier bezeichnete Mindestmaß hinausgehendes Einverständnis fordern nicht: Struckmann-Koch zu § 415, A. 3; Petersen zu § 415; Kleiner zu § 415; Sarwey zu § 415; von Bülow zu § 415, A. 1; Puchelt zu § 415; Rintelen, Der C.P., S. 234; Fitting, Lehrb., S. 454; Hellmann, Lehrb., S. 574; Planck, Lehrb., II, Abt. 1, S. 299; Meyer bei Gruchot, 35, S. 610. Dagegen erklären für notwendig Einigung über die Eidesform: Hellmann, Komm., § 415, A. 1 (vergl. Lehrb, S. 576); über die Norm: Wach, Vortr., S. 171; Gaupp, § 415, A. II. III; über die Erheblichkeit: Hoffmann bei Gruchot, 27, S. 180. 182, R.G. C.S. X, S. 324; über Norm und Erheblichkeit: Seuffert, § 415, A. 3.; Wilmowski-Levy, § 415, A. 3.

[2] Vergl. über den Begriff des Rechtsgeschäfts Windscheid, I, § 69, bes. aber Bülow im civ. Archiv, 64, S. 86 fg.; Wach, ebenda, S. 238 fg.; Kohler, Proz. a. Rv., S. 34 und bei Gruchot, 31, S. 276 fg. 481 fg.

[3] Ebenso Struckmann-Koch, § 415, A. 3; Seuffert, § 415, A. 3; Gaupp, § 415, A. II; Wilmowski-Levy, § 415, A. 1.

liche Erklärung desselben ist nicht erforderlich, wenn der Einigungswille aus anderen Willensäußerungen oder aus dem Unterbleiben solcher mit Sicherheit erkannt werden kann.[1] Unter Umständen kann daher, wenn der Gegner die Zuschiebung des Eides an den Dritten widerspruchslos geschehen läßt, darin eine Einigung, wie sie § 415 verlangt, zu finden sein.[2]

Einer gesetzlichen Formvorschrift würde die Vereinbarung einer solchen durch die Parteien gleichstehn. Indem der die Parteien zu dem Rechtsgeschäft autorisierende Rechtssatz eine derartige Vereinbarung nicht ausschließt, eignet er sie sich gleich dem übrigen Vertragsinhalte an. Im Falle des § 415 könnten die Parteien festsetzen: ausdrückliche Erklärung oder Erklärung in Verbindung mit der Überreichung eines Rezesses.

2. Die Ungiltigkeit der Einigung kann sich ergeben entweder aus dem Mangel des Konsenses oder aus der Ungiltigkeit der einen der beiden Willenserklärungen.

Einer besonderen Besprechung bedürfen nur die Fälle des Irrtums über wesentliche Bestandteile der Willenserklärung. Als solcher könnte bei dem Einigungsvertrage des § 415 in Betracht kommen: Irrtum über die Person des Deferenten oder des Dritten, über das Eidesthema, seine Erheblichkeit, die Rechtsfolgen der Leistung und Verweigerung des Eides durch den Dritten. Irrtum über die Person des Deferenten, das Eidesthema und die Rechtsfolgen der Eidesleistung und Eidesweigerung des Dritten wird unbedingt als sog. wesentlicher Irrtum anzuerkennen sein. Der Irrtum über die Person des Dritten kann Irrtum über die Identität oder Irrtum über die Qualität sein. Der Irrtum über die Identität des Dritten ist, wie der Irrtum über die Person des Deferenten, zweifellos als wesentlicher zu betrachten, Irrtum über die Qualität des Dritten jedoch nur dann, wenn er ist Nichtwissen von rechtskräftiger Verurteilung des Gegners wegen wissentlicher Verletzung der Eidespflicht. Dies ergiebt sich als Meinung des Gesetzgebers aus §§ 422. 432. Denn, wenn diese Gesetze von einem „Widerruf“ der Delation oder Relation aus dem bezeichneten Grunde sprechen, so ist dies nur eine abusive Bezeichnung für die Geltendmachung der Ungiltigkeit dieser

---

[1] Ebenso Struckmann-Koch, a. a. O.; Gaupp, a. a. O.; Wilmowski-Levy, a. a. O.; von Kries, Rechtsmittel, S. 180. Dagegen die Rezension bei Gruchot, 26, S. 146.

[2] Dies stellen schlechthin in Abrede R.G. C.S., X, S. 324; Struckmann-Koch, § 415, A. 3 und die Rezension bei Gruchot, a. a. O., während v. Kries, a. a. O., Delation und Unterbleiben des Widerspruches in allen Fällen für genügend, das Wissen der Parteien von der Irregularität des Eides und ihren Willen, von § 414 abzuweichen, nicht für erforderlich erklärt.

Rechtsgeschäfte. Der Grund dieser Ungiltigkeit ist echter Irrtum über den Gegenstand der Willenserklärung und dieser Irrtum wird als wesentlich vom Gesetze anerkannt. Widerruf im eigentlichen Sinne hat aber die Giltigkeit der Willenserklärung zur Voraussetzung, Irrtum bewirkt, wenn er als wesentlich anerkannt ist, Ungiltigkeit des Rechtsgeschäfts. Nun sind allerdings, wie später noch auszuführen sein wird, die Rechtssätze, die von dem Delations- und Relationsgeschäfte gelten, nicht ohne weiteres hierher zu übertragen, einer analogen Anwendung der § 422 und 432 in den hier bezeichneten Grenzen stehen jedoch keine Bedenken entgegen. Es ist nicht zu ersehen, warum der Gesetzgeber hinsichtlich der Einigung des § 415 andere Bestimmungen über den Irrtum über die Qualität des Delaten hätte treffen wollen, als er sie für die Delation und Relation getroffen hat. Allerdings könnte nur der Gegner des Deferenten oder Referenten in die Lage kommen, eine derartige Ungiltigkeit geltend zu machen, der andere Teil hat es bequemer, die Delation oder Relation zu unterlassen, oder wenn sie bereits erfolgt ist, ihre Giltigkeit anzufechten.

In dem Irrtum über die Erheblichkeit des Eides kann ein wesentlicher unter keinen Umständen erblickt werden. Denn erstreckt sich die Einigung der Parteien auf die Erheblichkeit des Eides, so ist darin die Erklärung zu finden, daß sie ihn als erheblich betrachten, gleichviel, ob er erheblich ist oder nicht. Lassen sie dagegen die Erheblichkeit des Eides außerhalb ihrer Einigung, so ist ihr Wille dahin auszulegen, daß sie sich über die Zulassung des irregulären Eides ohne Prüfung seiner Erheblichkeit verständigen.

3. Die Ungiltigkeit der prozessualen Rechtsgeschäfte kann, wie die der zivilistischen, von verschiedener Art, heilbar, unheilbar sein. Für die Abgrenzung der beiden Begriffe, sowie für die Geltendmachung und Heilung der Ungiltigkeit sind ausschließlich die Bestimmungen des § 267 maßgebend.

Die Feststellung der Ungiltigkeit der Einigung macht alle weiteren auf sie sich gründenden Akte gegenstandslos. Beschlüsse, die auf Grund der Einigung ergingen, sind aufzuheben, wie z. B. ein den irregulären Eid für zulässig erklärender Beschluß, ein die Eidesleistung des Dritten anordnender Beweisbeschluß. Die auf Grund der Einigung ergangenen Urteile, das die Zulassung des irregulären Eides aussprechende Zwischenurteil[1] oder bedingte Zwischen- oder Endurteile, ist das Gericht hingegen nicht berechtigt aufzuheben. § 433, Abs. 3 darf nicht zu einer analogen Anwendung herangezogen werden, denn das Gericht hat hier das Vorliegen einer giltigen Einigung bindend konstatiert. Durch Urteil wird die Geltendmachung der Ungiltigkeit der Einigung, sei es heilbarer, oder unheilbarer, für die Instanz ausgeschlossen. Dieselbe Wirkung hat nach § 495, Abs. 2 die Leistung, Verweigerung oder Erlassung des Eides. Die Ungiltigkeit wegen eines durch strafbare Handlung des Gegners bewirkten Irrtums im Beweggrunde oder Zwanges kann auch im Wege der Restitutionsklage geltend gemacht werden (§ 543, Z. 4).

4. Eine befristete Einigung der Parteien über den dem Dritten zu deferierenden Eid ist nicht denkbar, wohl aber eine bedingte. Nur kann auf Grund bedingter Einigung der Eid dem Dritten nicht auferlegt werden, das von § 415 geforderte Einverständnis ist bei nur bedingter Einigung nicht gegeben. Die Bedingung könnte daher nur eine solche sein, deren Eintritt oder Ausfall sich vor oder zugleich mit dem Erlaß der Eidesanordnung feststellen lassen wird. Das Dekret, das den irregulären Eid für zulässig erklärt, müßte dann, soweit es nicht mit der Eidesanordnung selbst verbunden werden kann, unter der Bedingung ergehn, daß die Einigung der Parteien noch unbedingt werde. Demnach besteht kein Hindernis, wie man behauptet hat, daß die Parteien die Zulässigkeit des irregulären Eides für den Fall vereinbaren, daß nicht einer von ihnen ein richterlicher Eid zuerkannt werde.[2]

Während des Schwebens der Bedingung kann nur dann ohne Rücksicht auf die bedingte Einigung anderweit in der Sache entschieden werden, wenn nicht in der bedingten Einigung zugleich eine Vereinbarung liegt, daß das Verfahren, soweit es von dem in Aussicht genommenen Eide betroffen wird, nicht eher zum Abschluß gebracht werden soll, als bis Eintritt oder Ausfall der Bedingung feststeht.

5. Aus der Vertragsqualität der Einigung folgt, daß sie, wenn einmal giltig zu stande gekommen, einseitig nicht wieder aufgehoben, widerrufen werden kann.[3] Die Grundsätze über Widerruf der Zuschiebung, Annahme oder Zurückschiebung können auf die Einigung des § 415 nicht ohne weiteres angewandt werden. Dort handelt es sich um einseitige Rechtsgeschäfte, hier um einen Vertrag. Wider-

---

[1] S. hierüber das Nähere in Abschn. V unter unter II, 2.

[2] Die Unzulässigkeit eines derartigen Vorbehaltes behaupten R.G. C.S. X, S. 325 und Seuffert, § 415, A. 3, die Unzulässigkeit einer Einigung unter Bedingung oder Vorbehalt überhaupt Seuffert, a. a. O.; Gaupp, § 415, A. II; Struckmann-Koch, § 415, A. 3.

[3] Ebenso Wilmowski-Levy, § 415, A. 3. Dagegen Seuffert, § 415, A. 3; Gaupp, § 415, A. III; Struckmann-Koch, § 415, A. II, die den Widerruf der Einigung bis zur richterlichen Zulässigkeitserklärung gestatten wollen.

ruf der Einigung kann vorbehalten werden, dann wäre sie resolutiv und potestativ bedingt und nach dem oben gesagten ein solcher Vorbehalt nur in Beschränkung auf die Zeit bis zur Anordnung des Eides oder auf eine Frist zulässig, vor deren Ablauf jene nicht ergehen dürfte. Hiervon abgesehen muß indessen, wenn die Zuschiebung an einen Dritten in Frage steht, dem Gegner des Deferenten der Widerspruch der Einigung in zwei Fällen gestattet werden, nämlich

a. wenn der Dritte nach Abschluß der Einigung wegen wissentlicher Verletzung der Eidespflicht rechtskräftig verurteilt wird. Wollte man dem Gegner des Deferenten in diesem Falle das Recht zum Widerruf der Einigung versagen, so würde man ihn im Verhältnis zu dem Deferenten benachteiligen. Dieser könnte die Zuschiebung bis zur Eidesleistung widerrufen (§ 432). Sein Gegner müßte die Eidesleistung des vertrauensunwürdigen Dritten geschehen und gegen sich gelten lassen. Es rechtfertigt sich daher die Anerkennung seines Widerrufsrechtes aus dem Prinzip der Gleichheit der Parteirechte.

Dagegen besteht kein Bedürfnis, ihm ein solches Widerrufsrecht auch dann zu geben, wenn der Dritte den Eid dem Deferenten zurückgeschoben hat und der Deferent wegen Verletzung der Eidespflicht verurteilt wird. Nur der Nebenintervenient ist, wie später auszuführen sein wird, zur Zurückschiebung des Eides berechtigt. Dann steht aber auch ihm das Recht des Widerrufs der Zurückschiebung zu. Er ist, da er, nicht der Intervent, Delat ist, in dieser Beziehung, wie in der Erklärung der Annahme oder Zurückschiebung, dem Interventen gegenüber selbständig. Diesem kann daher weder ein Recht zum Widerruf der Zurückschiebung noch der Einigung zugebilligt werden.

b. wenn nach der Erklärung des Dritten über den Eid anderweiter Beweis aufgenommen worden ist. Die Gründe sind im wesentlichen dieselben, wie in dem ersten Falle. Sind andere Beweise aufgenommen, so kann der Deferent die Zuschiebung bis zur Eidesleistung oder wenigstens bis zum Schluß der dem Eidesurteil voraufgehenden mündlichen Verhandlung widerrufen. Er würde also, wenn man dem Gegner das Recht zum Widerruf der Einigung versagen wollte, im Verhältnis zu diesem eine einseitig bevorzugte Stellung einnehmen.

Ist der Dritte hingegen Nebenintervenient, so ist er kraft seines prozessualen Dispositionsrechtes befugt, seine Erklärung über den Eid wegen Aufnahme anderweiten Beweises zu widerrufen, und zwar ist er hierin von dem Interventen nicht abhängig, da dieser nicht Delat ist. Daher ist in diesem Falle ein Recht des Gegners zum Widerruf der Einigung zu verneinen.

Wenn dem Dritten der Eid zurückgeschoben wurde, widerruft der Gegner des Referenten als Deferent im Falle der Verurteilung des Dritten wegen Verletzung der Eidespflicht oder im Falle anderweiter Beweisaufnahme die Zuschiebung.

Der Widerruf der Einigung durch den Gegner des Deferenten, ist, soweit er nach dem gesagten statthaft ist, wie der Widerruf der Zuschiebung, bis zur Eidesleistung oder bis zum Schlusse der dem Eidesurteil voraufgehenden mündlichen Verhandlung, nach Erlaß des Eidesurteils nur in dem ersten der beiden besprochenen Fälle zuzulassen. Er wirkt, wie der Widerruf der Delation und Relation, und macht das Verfahren, soweit es sich auf die widerrufene Einigung stützt, gegenstandslos. Der Prozeß gelangt insofern in die Lage zurück, in der er sich vor Absclu߀ der Einigung befand. Der gegenstandslos gewordene Eidesbeweisbeschluß ist aufzuheben, das Eidesurteil in dem anderweit ergehenden Urteil. Der Widerruf wird wirksam durch Erklärung in der mündlichen Verhandlung und durch ein die Zulassung des irregulären Eides aussprechendes Zwischenurteil ebensowenig ausgeschlossen, wie diesem die Zuschiebung oder Zurückschiebung an den Dritten notwendig zu folgen hat.

Es mag hier noch hervorgehoben werden, daß die ausgeführten Grundsätze nicht auch gelten können, wenn es sich handelt nicht um Widerruf sondern um Anfechtung der Einigung auf Grund einer bereits vor ihrem Abschlusse ohne Kenntnis der einen oder anderen Partei erfolgten rechtskräftigen Verurteilung des Dritten wegen wissentlicher Verletzung der Eidespflicht, also um Geltendmachung eines Irrtumes. Dieses Anfechtungsrecht steht nur der irrenden Partei zu und wird durch ein die Existenz einer giltigen Einigung bindend feststellendes Urteil für die Instanz ausgeschlossen. Wenn die Prozeßordnung Anfechtung und Widerruf bei der Delation und Relation gleich behandelt, so berechtigt dies noch nicht, auch dort, wo ein ausdrücklicher Ausspruch des Gesetzgebers nicht vorliegt, von der Konsequenz der allgemeinen Rechtsgrundsätze abzugehen.

IV.

Nachdem ich die Voraussetzungen erörtert habe, unter denen die Prozeßordnung die Zuschiebung oder Zurückschiebung des Eides an Dritte vorschreibt oder zuläßt, habe ich nunmehr zu untersuchen, welchen Regeln das Verfahren in diesen Fällen folgt. Hierbei soll mit der Darstellung des Verfahrens im Falle des § 415 begonnen werden, weil dieses die allgemeinen Grundsätze erkennen läßt, die in den anderen beiden Fällen infolge der besonderen Rechtsstellung des Delaten eine Modifikation erfahren. Ehe jedoch das Verfahren im Falle des § 415 im einzelnen besprochen werden kann, muß die Rechtsnatur des Eides des Dritten und die Rechtsstellung des Dritten klargelegt werden.

I. Der irreguläre Eid des § 415 ist zugeschobener, zurückgeschobener Eid. Er unterscheidet sich von dem Haupteide in seiner regelmäßigen Gestalt nur dadurch, daß nicht der Gegner des Deferenten, sondern ein Dritter Delat ist, und daß darum seine Zulässigkeit von besonderen Voraussetzungen abhängig ist. Die Einigung der Parteien über den irregulären Eid macht ihn nicht zum sog. kompromissarischen Eid, sie ist kein sog. Schiedseidvertrag.[1] Der Gegensatz wird als solcher nicht verkannt, aber man hält, wie sich zeigen wird, im einzelnen seine Konsequenzen nicht genügend auseinander.

Das Eideskompromiß ist ein durch Eid bedingter Vergleich. Der prozessuale Gegensatz zwischen Vergleich einerseits, Verzicht und Anerkenntnis andererseits deckt sich nicht mit dem civilistischen. Nicht der Inhalt des Rechtsgeschäfts ist maßgebend, nur die Form. Dem Prozesse ist Vergleich jeder den Prozeß erledigende, vor dem Prozeßgericht in der mündlichen Verhandlung geschlossene Vertrag der Parteien, mag sein materieller Inhalt sein Vergleich, Anerkenntnis oder Verzicht. Dem Verzicht oder Anerkenntnis im prozessualen Sinne ist die Einseitigkeit wesentlich, darum erlangt der Gegner aus ihm nur ein Recht auf Urteil, der Vergleich ist als solcher der Vollstreckbarkeit fähig. Hieraus aber ergiebt sich, daß ein durch Eid bedingter Verzicht, ein durch Eid bedingtes Anerkenntnis undenkbar sind, nur aus dem unbedingten Anerkenntnis oder Verzicht erwächst dem Gegner das Recht auf Urteil und durch seinen Beitritt würde ein solches Rechtsgeschäft zum Vergleich.[2]

[1] Vergl. Gaupp, § 415, A. V; Seuffert, § 415, A. 4; Struckmann-Koch, S. 468 und § 415, A. 5; Siebenhaar, S. 369; Kleiner zu § 415; Hoffmann bei Gruchot, 27, S. 182 fg.

[2] Arg. §§ 277. 278. 705, Nr. 1. Abzulehnen ist daher die Meinung

Das Eideskompromiß ist mithin prozeßbeendigendes Rechtsgeschäft von zugleich materieller und prozessualer Bedeutung, der Inhalt des Einigungsvertrages des § 415 ist ein lediglich prozessualer, es soll eine der vom Gesetze geforderten Voraussetzungen der Zuschiebung oder Zurückschiebung eines regelwidrigen Eides geschaffen werden.

Der Eid, den die Parteien zur Bedingung des Vergleiches erheben, muß nicht Eid einer dritten Person, er kann auch Eid einer Partei sein. Der Gegensatz zwischen dem kompromissarischen und dem zugeschobenen Eide ist auf den Eid des Dritten nicht beschränkt. Der kompromissarische Eid ist nichts weiter, als Bedingung eines Rechtsgeschäfts, der zugeschobene Eid, als Parteieneid oder Eid eines Dritten, Mittel der Feststellung von Thatsachen. Der kompromissarische Eid ist nicht bestimmt, dem Richter einen materiellen Überzeugungsgrund zu ersetzen. Dieser hat nicht über die Folgen der Leistung oder Verweigerung eines solchen Eides zu erkennen, die vertragsmäßig festgesetzte Wirkung dieser Thatsachen tritt ipso iure ein, so daß ein sie aussprechendes Urteil undenkbar wird. Zwar ist auch der kompromissarische Eid um seiner Feststellungswirkung willen zur Bedingung des Vergleiches erhoben worden, ob aber die vertragsmäßig festgesetzte Folge der Leistung oder Verweigerung sich mit Notwendigkeit aus dem in positiver oder negativer Richtung festgestellten Eidessatze ergiebt, ist gleichgiltig, vergl. l. 39 D. de iure iur. 12, 2. Wenn dagegen der Dritte den ihm nach § 415 zugeschobenen Eid leistet oder verweigert, so sind die Folgen grundsätzlich dieselben, wie bei der Eidesleistung oder Eidesverweigerung einer Partei.

Im Verfahren treten weitere Unterschiede hervor. Das hier allein in Betracht kommende prozessuale, d. h. in der mündlichen Verhandlung vor dem Prozeßgericht geschlossene Eideskompromiß hat grundsätzlich die prozessuale Wirkung des Vergleichs. Daraus, daß die Prozeßordnung von dem Eideskompromisse als solchem nicht spricht, darf man nicht schließen, daß es nach unserem Prozeßrechte unmöglich sei.[1] Es ist kein Grund ersichtlich, warum ein Vergleich nicht bedingt geschlossen werden, warum nicht ein Eid Bedingung eines Vergleichs sein könne. Normen über das Eideskompromiß sind aus den Bestimmungen der Prozeßordnung über den Vergleich überhaupt zu entnehmen. Demnach ist dem Eideskompromiß die Wirkung der Prozeßbeendigung zuzusprechen, wenn

---

Wetzells, Syst., S. 281, der Schiedseidvertrag habe denselben Zweck wie der Vergleich, unterscheide sich aber dadurch von ihm, daß die mögliche Vermögensminderung nur für einen Teil eintrete.

[1] Diese Meinung wird vertreten in R.G., Str.-S. V, S. 94 fg.

es seinem Inhalte nach dieser fähig ist, d. h. wenn nach dem Willen der Parteien sowohl die Leistung des Eides, wie ihr Unterbleiben in jedem Falle prozeßerledigend wirken soll. Ist dagegen das Kompromiß lediglich durch die Leistung des Eides suspensiv bedingt, soll mithin deren Unterbleiben zur Folge haben, daß das Rechtsgeschäft als nicht geschlossen gilt, so wird der Prozeß in die Lage zurückversetzt, in der er sich vor seinem Abschluß befand. Die prozeßbeendigende Wirkung kommt demnach in diesem Falle dem Eideskompromiß erst dann zu, wenn es unbedingt geworden ist. Es ist dann eine Frage des Einzelfalles, ob in dem Eideskompromiß zugleich eine Vereinbarung der Parteien liegt, das Verfahren ruhen zu lassen, bis der Eintritt oder Ausfall der Bedingung feststeht, oder ob sie nur ein kontradiktorisches Urteil auf so lange, als das Unbedingtwerden des Kompromisses noch möglich ist, ausgeschlossen wissen wollen.[1] Ob nun aber die prozeßbeendigende Wirkung des Eideskompromisses sofort oder später eintritt, in keinem Falle ist es Aufgabe des Prozeßgerichtes, die Leistung oder die Feststellung der Verweigerung des Eides herbeizuführen. Das ist Sache der Parteien, wenigstens der interessierten Partei. Die darauf gerichteten Akte sind nicht Teil des Prozesses, denn die Prozeßordnung kennt kein der Purifikation eines durch Eid oder überhaupt bedingten Vergleiches dienendes Verfahren.[2]

Im Gegensatz hierzu folgt der Eid des § 415 als zugeschobener, zurückgeschobener Eid durchaus dem Rechte der Delation und Relation, abgesehen nur davon, daß der Zuschiebung und Zurückschiebung die Zulassung durch das Gericht und die Einigung der Parteien vorausgehen muß, und daß der Mangel der Parteistellung in der Person des Delaten oder Relaten Besonderheiten zur Folge hat.

Aus diesen Darlegungen ergiebt sich, wie beiläufig bemerkt werden soll, die Beantwortung der Frage, wie es zu halten sei mit

---

[1] Hoffmann, a. a. O., nimmt an, daß durch den Abschluß des Eideskompromisses der Prozeß in allen Fällen sofort beendigt werde.

[2] Unzutreffend ist die Begründung dieser Meinung bei Gaupp, § 415, A. V, durch das Eideskompromiß werde an Stelle des rechtshängigen Anspruches ein neuer, unbestrittener, durch Eid bedingter gesetzt, über den dem Prozeßgericht keine Kognition zustehe. Dabei sind einmal die Fälle nicht berücksichtigt, in denen das Eideskompromiß materiell Verzicht ist, andererseits wird nach dem Rechte der bedingten Novation (Windscheid, Pand., II, § 354, A. 9) der ursprüngliche Anspruch erst aufgehoben, wenn der neue unbedingt geworden ist.

Abzulehnen sind die Ausführungen von Schwarzes, Gerichtssaal, Bd. 34, S. 67. 69, der Prozeßrichter habe eine beschränkte Kognition über den kompromissarischen Eid, müsse ihn abnehmen und dürfe ihn unter Umständen durch Beweisbeschluß anordnen.

einer Vereinbarung der Parteien, daß von mehreren schwurpflichtigen Streitgenossen oder gesetzlichen Vertretern nur einer schwören solle. Eine derartige Vereinbarung ist in allen Fällen giltig, wenn sie als Eideskompromiß aufrecht erhalten werden kann. Trifft dies nicht zu, so ist sie schlechthin nichtig, soweit es sich um den Eid der gesetzlichen Vertreter handelt, oder soweit § 434 auf die Eideszuschiebung an die Streitgenossen Anwendung zu finden hat. Über diese Fälle bestimmt die Prozeßordnung zwingend. In denjenigen Fällen der Streitgenossenschaft hingegen, in denen hinsichtlich der Delation die allgemeine Regel des § 58 Platz greift, kann unter Umständen in der in Rede stehenden Vereinbarung eine Einigung, wie sie § 415 verlangt, zu erblicken sein. Dann wäre in denjenigen Prozessen, in denen der Streitgenosse nicht Partei ist, dem zugeschoben oder zurückgeschoben werden soll, eine Delation oder Relation an ihn nach § 415 möglich. Eine Vereinbarung indessen, daß der eine Streitgenosse zugleich an Stelle der übrigen den allen zugeschobenen Eid ausschwören solle, wäre nichtig, da eine Vertretung in der Eidesleistung nach § 440 unzulässig ist.[1]

II. Der Dritte, dem nach § 415 der Eid zugeschoben oder zurückgeschoben wurde, kann keiner der in der Prozeßordnung begegnenden Personenkategorieen beigezählt werden. Seine Rechtsstellung ist eine eigentümliche. Er ist weder Intervenient, denn er verfolgt nicht eigene Interessen, noch Vertreter des Gegners des Deferenten, noch Auskunftsperson, wie der Zeuge oder Sachverständige.

Einen Vertreter des Gegners des Deferenten erblickt Meyer[2] in dem Dritten, und zwar soll sich die Vertretung auf die Leistung und Verweigerung des Eides beschränken, anzunehmen, zurückzuschieben habe der Gegner des Deferenten. Der Gedanke einer Vertretung des Delaten in der Eidesleistung wird von der Prozeßordnung ausdrücklich verworfen (§ 440). Auch läßt sich aus § 414 und 415 nur entnehmen, daß unter besonderen Voraussetzungen ein Dritter Delat sein, nicht, daß er den der Partei zugeschobenen Eid an ihrer Stelle leisten könne. Wenn aber ein Dritter den ihm selbst zugeschobenen Eid leistet oder verweigert, so mag vielleicht thatsächlich ein Verhältnis der Stellvertretung vorliegen, für die juristische Betrachtung ist der Dritte nicht Vertreter, weil er im eigenen Namen und höchstens mit Wirkung für den Gegner des

---

[1] Nach Struckmann-Koch, § 415, A. 3, wird eine Vereinbarung, daß von mehreren schwurpflichtigen gesetzlichen Vertretern oder Streitgenossen nur einer schwören solle, durch § 415 gedeckt, da sie weniger weit gehe, als die Einigung des § 415.

[2] Meyer, „Die Zuschiebung und Zurückschiebung des Eides an einen Dritten", bei Gruchot, 35, S. 606 ff.; s. bes. S. 613.

Deferenten handelt, das Handeln mit Wirkung für einen anderen aber zur Begründung eines Vertretungsverhältnisses nicht hinreicht. Auch auf die Analogie des § 435 darf man sich nicht berufen. Der gesetzliche Vertreter ist gleichfalls im eigenen Namen Delat und gerade, um das Prinzip der Unzulässigkeit einer Vertretung in der Eidesleistung zu wahren, bricht die Prozeßordnung hier mit den aus dem Vertretungsverhältnisse fließenden Konsequenzen.

Als Zeugen faßt den Dritten, dem nach § 415 der Eid angetragen wurde, Fitting[1] auf. Er folgert aus dieser Auffassung, daß auf das Verfahren nach § 415 die Vorschriften über den Zeugenbeweis Anwendung zu finden hätten, soweit sich nicht aus den Besonderheiten des Falles Abweichungen ergäben. Diese aber beständen darin, daß der Dritte nicht über alles in seine Wissenschaft gestellte auszusagen, sondern, wie eine Partei, der zugeschoben ist, über eine einzelne Behauptung durch seinen Schwur zu entscheiden habe. Damit weist Fitting selbst auf die grundsätzliche Verschiedenheit zwischen dem Eide des Dritten und dem beeideten Zeugnis hin. Die Bestimmungen des § 415 bezwecken nur die Befreiung des deferierten Eides von Beschränkungen, sie bewirken keine Veränderungen in seinem Wesen.[2] Zwischen dem Eide des Dritten und dem Parteieneide besteht kein grundsätzlicher Unterschied, beide aber sind von der eidlichen Zeugenaussage grundsätzlich verschieden. Das Zeugnis, auch das Selbstzeugnis der Partei, wenn es zulässig wäre, ist die eidliche oder nicht eidliche, in freier Darstellung niedergelegte Aussage über alles hinsichtlich einer bestrittenen Thatsache in die Wissenschaft einer Person gestellte. Der zugeschobene Eid, als Parteieneid oder Eid eines Dritten, ist die eidliche, auf Ja oder Nein gestellte und an eine bestimmte Norm und Form gebundene Behauptung der Wahrheit einer bestrittenen Thatsache. Der Dritte ist demnach nicht, wie Fitting will, begrifflich, sondern höchstens thatsächlich Zeuge, wie man auch die von der Partei beschworene Eidesnorm als Zeugnis im untechnischen Sinne des Wortes bezeichnen könnte. Wenn Fitting seine Auffassung mit dem praktischen Bedürfnis zu rechtfertigen sucht, so muß einmal die Berechtigung, dieses als Interpretationsgrund zu verwerten, andererseits das Bestehen eines solchen bestritten werden. Der Dritte könnte nur unter viel schwerer zu erfüllenden Voraussetzungen, als der Zeuge, für den Prozeß gewonnen werden, und schließlich zur Klarstellung des Sachverhaltes nur in sehr beschränktem Umfange beitragen. Denn ist er Zeuge, sein Eid Aussage, dann kann man an diesen nicht die Wirkung

[1] Fitting, Lehrb., S. 454fg.

[2] Von Fitting selbst hervorgehoben, S. 454, N. 11.

des Formalbeweises knüpfen. Fitting sucht diese Konsequenz zu umgehen, indem er annimmt, daß die Parteien für den Fall der Leistung, wie der Verweigerung, des Eides durch den Dritten stillschweigend ein wechselseitiges Geständnis ablegen. Hier verwechselt Fitting offenbar zugeschobenen Eid und Eideskompromiß, indem er die Beweiswirkungen der Leistuug und Verweigerung des deferierten Eides aus dem Willen der Parteien abzuleiten sucht.

Man wird sich damit begnügen müssen, die Rechtsstellung des Dritten als eine eigentümliche, nach dem Rechte der Prozeßordnung völlig vereinzelte aufzufassen. Sie wird sich im allgemeinen dahin bestimmen lassen, daß er diejenigen Rechte hat, die ihm aus der Vereinbarung der Parteien über die Zulässigkeit der Delation an ihn, aus der richterlichen Genehmigung der Delation und aus der Delation selbst erwachsen. Pflichten dagegen kann er nicht haben, es würde an der erforderlichen Grundlage mangeln. Es giebt keine allgemeine öffentlich-rechtliche Pflicht, auf einen zugeschobenen Eid wie eine Partei zu handeln, wie es eine allgemeine Zeugenpflicht giebt; das Gesetz hätte sie ausdrücklich aufstellen müssen. Daher sind Strafen gegen den Dritten nach Analogie der dem Zeugen und Sachverständigen angedrohten undenkbar. Zwar verliert er seine prozessualen Rechte durch Unterlassung der rechtzeitigen Ausübung, doch kann man diesen Rechtsverlust nicht unter den Gedanken einer prozessualen Rechtsverwirkung bringen, denn der Dritte ist nicht Partei, der für ihn eintretende Rechtsnachteil bleibt auf den Verlust des Rechtes selbst beschränkt.

Einen Anspruch auf Ersatz von Aufwendungen und Zeitversäumnis, wie er dem Zeugen zusteht, geben unsere Prozeßgesetze dem Dritten nicht. Ein solcher Anspruch ist ihm daher nur insoweit zuzubilligen, als er sich aus dem zivilistischen Rechtsverhältnisse zwischen ihm und den Parteien ergiebt. Der Dritte hat je nach den Umständen gegen die eine Partei oder gegen beide actio mandati contraria oder actio negotiorum gestorum contraria. Ob und inwieweit diejenige Partei, die dem Dritten Ersatz seiner Aufwendungen geleistet hat, unter der Voraussetzung der Kostenpflicht des Gegners einen Erstattungsanspruch gegen diesen hat, bestimmt das Gericht nach freiem Ermessen (§ 87, Abs. 1).[1]

Keinen Ersatzanspruch hat wegen des ausdrücklich behaupteten Interesses am Streitgegenstande der Nebenintervenient und zwar der abhängige so wenig, wie der selbständige. Der Ersatzanspruch des gesetzlichen Vertreters geht in dessen allgemeinen Ansprüchen aus dem Vertretungsverhältnisse auf, soweit das objektive Recht solche anerkennt.

[1] Vergl. Meyer, a. a. O., S. 165.

V.

Auf Grund der im vorstehenden gewonnenen allgemeinen Gesichtspunkte ist jetzt zu untersuchen, wieweit die Bestimmungen der Prozeßordnung über den deferierten Eid auf den Eid des § 415 Anwendung finden und wieweit sie zu modifizieren sind.

I. Auch für die Zulässigkeit der Zuschiebung an einen Dritten bestehen die allgemeinen Voraussetzungen der § 410. 411. 412. Nur die beweispflichtige Partei kann dem Dritten zuschieben, das Thema des Eides muß eine Thatsache, diese Thatsache beweisbedürftig sein, ihr Gegenteil darf nicht bereits vom Gericht für erwiesen erachtet werden, sie muß in einer Handlung oder thatsächlichen Wahrnehmung des Dritten, seiner Rechtsvorgänger oder Vertreter bestehen.

Was § 410 vom Gegner sagt, gilt, wenn ein Dritter Delat ist, von diesem. Dies folgt aus dem Grundgedanken des § 410. Der formalen Beweiskraft soll eine gewisse materielle Überzeugungskraft entsprechen, darum wird der Eid auf Thatsachen beschränkt, von denen der Delat Kenntnis hat oder haben muß. Andererseits sollen ihm nicht Eide angesonnen werden dürfen, die zu schwören ihm seine Gewissenhaftigkeit verbietet, durch deren Verweigerung er aber den vollen Beweis des Gegenteils der von ihm behaupteten Thatsache liefern würde. Es ist daher anzunehmen, daß § 410 nur den Hauptfall im Auge hat und deshalb vom „Gegner" spricht, wo „Delat" die zutreffende Bezeichnung wäre.

Noch in anderer Richtung könnte sich ein Zweifel erheben. Man könnte durch wörtliche Auslegung des § 415 zu der Ansicht gelangen, daß dem Dritten, die Einigung der Parteien über den irregulären Eid und dessen Zulassung durch das Gericht vorausgesetzt, über jedwede Thatsache, wenn nur überhaupt über eine Thatsache, der Eid zugeschoben werden könne. Diese Auslegung würde den eben dargelegten, in § 410 zum Ausdruck gelangenden Prinzipien, wie dem vernünftigen Sinne des § 415 widerstreiten. § 415 bindet, indem er einerseits den Parteien eine gewisse Freiheit der Disposition einräumt, auf der anderen Seite die Zulässigkeit der hiernach möglichen irregulären Eide an die Erfüllung besonderer Voraussetzungen. Durchaus nicht unter leichteren Bedingungen, als der Partei, soll also dem Dritten zugeschoben werden dürfen. Damit von den Erfordernissen des § 410 in Anwendung auf den Dritten abgesehen werden könne, ist vielmehr Erfüllung der Vorschriften des § 415, also Einwilligung beider Parteien und des Gerichts, auch in dieser Richtung notwendig. Wenn § 415 sagt, daß die Entbindung von den Beschränkungen der Delation und Relation in § 410. 413. 414 möglich sei, wenn sich der betreffende Eid auf Thatsachen beziehe, so bezeichnet er damit nur die Grenze, über welche die Disposition der Parteien nicht hinausgehen darf.

Die Zurückschiebung an den Dritten ist zulässig, soweit die Zuschiebung an ihn zulässig sein würde. Sie findet nicht statt, wenn der Referent, nicht aber der Dritte, über eine eigene Handlung oder Wahrnehmung zu schwören haben würde. Auch § 413 kann auf den Eid des Dritten nicht in wörtlicher Auslegung Anwendung finden. Er erklärt die Zurückschiebung für unzulässig, wenn dem Eide des Referenten größere Überzeugungskraft zukommen würde, als dem des Relaten, mithin ist immer nur das Verhältnis zwischen dem Referenten und Relaten ins Auge zu fassen, gleichviel, ob dieser Partei oder ein Dritter ist. Das Gericht kann die Zurückschiebung an den Dritten trotz Verstoßes gegen § 413 zulassen, wenn auch in dieser Richtung das von § 415 geforderte Einverständnis der Parteien besteht.

II. Das Verfahren bis zur Auferlegung des Eides zeigt Besonderheiten, je nachdem es sich um die Zuschiebung oder die Zurückschiebung an den Dritten handelt. Soll dem Dritten deferiert werden, so dürfte die logische Reihenfolge der einzelnen Akte die folgende sein. Nachdem die Parteien ihr Einverständnis über den irregulären Eid erklärt haben, spricht das Gericht die Zulassung desselben aus. Hierauf ergeht nach erfolgter Zuschiebung und Erklärung des Dritten über sie das die Eidesleistung anordnende Dekret.

1. Das Einverständnis der Parteien über den Eid muß, wie bereits dargelegt, in der mündlichen Verhandlung vor dem Prozeßgerichte erklärt werden. Wenn vereinbart, muß die Erklärung ausdrücklich erfolgen oder sich mit ihr die Überreichung eines Rezesses verbinden. Von dem Inhalte des Einigungsvertrages ist bereits gehandelt worden.

2. Das die Zulässigkeit der Zuschiebung an den Dritten aussprechende Dekret ist prozeßleitender Natur, also in der Regel Beschluß und nach § 294, Abs. 1 zu verkünden. Nur dann müßte ein Zwischenurteil, ein kontradiktorisches oder Versäumnisurteil, ergehen, wenn sich über die Voraussetzungen der Zulassung des irregulären Eides ein Zwischenstreit entsponnen hat, das Gericht deren Vorliegen konstatiert, und den Eid zulassen will. Da sich jedoch, wie später zu zeigen sein wird, das Dekret über die Zulässigkeit des irregulären Eides mit dem Eidesurteil oder Eidesbeweisbeschluß verbinden kann, so beschränkt sich die Notwendigkeit des Zwischenurteiles auf den Fall, daß das Gericht die Zulassung des irregulären

Eides und damit den Zwischenstreit einer abgesonderten Entscheidung unterwerfen will.[1]

Auch die Entscheidung, durch die das Gericht die Zulassung des irregulären Eides ablehnt, ist eine prozeßleitende, in der Regel Beschluß und zu verkünden. Ein Zwischenurteil wird hier nur dann notwendig, wenn das Gericht die Zulassung des irregulären Eides wegen Mangels ihrer Voraussetzungen ablehnt, sich hierüber unter den Parteien ein Zwischenstreit entsponnen hat, und das Gericht diesen Zwischenstreit durch ein besonderes Erkenntnis über die Zulässigkeit des Eides entscheiden will. Lehnt es jedoch die Zulassung des irregulären Eides ohne Rücksicht darauf ab, ob ihre Voraussetzungen bestehen oder nicht, so kann die Entscheidung des Zwischenstreites überhaupt unterbleiben.

An ein Zwischenurteil, das die Zulassung des irregulären Eides ausspricht oder ablehnt, ist das Gericht nach allgemeinen Grundsätzen gebunden. Einen Beschluß kann es in beiden Fällen bis zur Eidesleistung oder bis zum Erlaß des Eidesurteiles wieder aufheben. In keinem der beiden Fälle bedarf es einer neuen Einigung der Parteien über den Eid des Dritten, damit das Gericht eine Zulässigkeitserklärung, eine zweite, wenn schon der aufgehobene Beschluß in bejahendem Sinne erging, erlassen könne. Die einmal erklärte Einigung ist Thatbestand des Prozesses geworden und wird in ihrer Existenz durch die Aufhebung des auf sie sich stützenden Beschlusses nicht berührt.

3. Die Delation an den Dritten erfolgt nach entsprechender Anwendung des § 416 durch die Erklärung des Deferenten, daß diesem Dritten über diese Thatsache, wie beide durch die Einigung der Parteien bestimmt sind, der Eid zugeschoben werde. Trotz der Einigung der Parteien über den Eid des Dritten und dessen Zulassung durch das Gericht hat der Deferent es völlig in der Hand, ob er den Eid zuschieben will, oder nicht. Die Einigung ist kein Kompromiß auf den Eid, die Entscheidung über die Statthaftigkeit der Zuschiebung an den Dritten noch nicht Anordnung der Eidesleistung.

Die Erklärung, daß dem Dritten zugeschoben werde, hat wie jede Delationserklärung in der kontradiktorischen Verhandlung zu erfolgen. Anwesenheit des Dritten ist nicht erforderlich, es genügt, wie zur kontradiktorischen Verhandlung überhaupt, die des Gegners.

---

[1] Fitting, Lehrb., S. 454, Nr. 10, schließt aus dem Worte „anordnen" in § 415, daß die Zulässigkeitserklärung immer Beschluß sei. Aber selbst, wenn man berechtigt wäre, dieses Wort zu betonen, und es einen sicheren Schluß gestattete, würde damit die Notwendigkeit eines Zwischenurteiles in dem im Texte bezeichneten Falle doch nicht ausgeschlossen sein.

Damit der Dritte auf die Eideszuschiebung hin rechtsverbindlich handeln könne, genügt es, wenn er irgendwie von ihr Kenntnis erhält.

4. Wie eine Partei, der zugeschoben ist, soll sich der Dritte über die Delation erklären. Der Gegner des Deferenten hat keine Erklärung über den Eid abzugeben, denn er ist nicht Delat.[1] Der Rechtserheblichkeit der Erklärungen des Dritten steht der Mangel der Parteistellung in seiner Person nicht entgegen. Ist ihm zugeschoben worden, so muß er sich über den Eid auch rechtserheblich erklären können, wie jeder Dritte, der in ein prozessuales Rechtsverhältnis zu den Parteien tritt, z. B. der Zeuge, der in einen Zwischenstreit mit den Parteien verwickelt wird, die auf dieses Rechtsverhältnis bezüglichen Erklärungen rechtswirksam abgeben kann.

Die Erklärung des Dritten über den Eid muß, wie die entsprechende Erklärung einer Partei, in der mündlichen Verhandlung erfolgen. Eine Pflicht, in dieser zu erscheinen und sich zu erklären, besteht für ihn nicht.[2] Allerdings kann er der einen oder anderen Partei durch Vertrag verbunden sein, zu erscheinen und eine Erklärung abzugeben. Dann könnte die Feststellung dieser Pflicht durch Urteil erfolgen und die Zwangsvollstreckung aus diesem Vertrage gegen ihn wäre nach § 774, Abs. 1 möglich.

Das Erscheinen des Dritten in der mündlichen Verhandlung zum Zwecke der Abgabe einer Erklärung über die Eideszuschiebung herbeizuführen, bleibt der daran interessierten Partei überlassen.[3] Dies ist nicht Sache des Gerichts. Daß Zeugen und Sachverständige von amtswegen geladen werden, ist eine Ausnahme von dem Grundsatze des ausschließlichen Prozeßbetriebes der Parteien, die ihre Erklärung in dem Strafzwange des Gerichtes und der diesem zu Grunde liegenden Zeugen- und Sachverständigenpflicht findet. Die Prozeßordnung giebt der Partei weder ein Mittel an die Hand, das Erscheinen des Dritten zu bewirken, noch erfordert sie die Beobachtung einer bestimmten Form. Es muß der Partei daher freistehen, wie sie den Dritten zum Erscheinen veranlassen will. Den Weg der Ladung darf man ihr nicht deshalb verschließen, weil sie dem Dritten nicht zustellen lassen könne.[4] Ist dem Dritten zugeschoben worden, das Rechtsverhältnis zwischen ihm und den Parteien also

---

[1] Vergl. Hellmann, Komm., § 415, A. 3d; A. M. Meyer, bei Gruchot, 35, S. 613, weil der Dritte Vertreter des Probaten nur in der Eidesleistung sei.

[2] Vergl. Abschn. V; ebenso Kleiner zu § 415, der dann aber auch nicht von „Ungehorsam“ des Dritten sprechen sollte; A. M. Fitting, S. 456, N. 16.

[3] „Der beweispflichtigen Partei“ behaupten wohl nur irrtümlich Wilmowski-Levy, § 415, A. 2. Wie hier Gaupp, § 415, A. IV; Seuffert, § 415, A. 2.

[4] Dies behauptet Gaupp, a. a. O. Wie hier Meyer, a. a. O., S. 613 fg.

begründet, so müssen auch Zustellungen an ihn möglich sein, ebenso, wie in den Fällen der § 70 und 73 Zustellungen an Dritte erfolgen. Nur würde dieser Ladung nicht der indirekte Zwang des drohenden Rechtsnachteiles zur Seite stehen, und die Partei an die Form der Ladung keinesfalls gebunden sein.

Schriftlich oder vor einem ersuchten oder beauftragten Richter kann sich der Dritte nicht erklären, denn seine Erklärung ist Teil der mündlichen Verhandlung. Dagegen steht nichts im Wege, daß er sie durch einen Bevollmächtigten abgiebt. Die Erklärung über die Delation ist nicht, wie die Eidesleistung, höchstpersönliche Handlung, und auch ein Dritter, der sich in einem Zwischenstreite mit den Parteien befindet, könnte sich durch einen Bevollmächtigten vertreten lassen.

Zum Inhalte kann die Erklärung des Dritten die Annahme oder die Ablehnung des Eides haben (§ 417, Abs. 1). Daß eine ausdrückliche Ablehnung des Eides auch vor der Auferlegung zulässig und wirksam ist, ergiebt sich aus § 417, Abs. 2. Zurückschieben darf der Dritte den Eid nicht, die Relation ist, ob man sie als Dispositionsakt oder Beweisantretung, Antretung des Gegenbeweises, auffaßt, ausschließlich den Parteien vorzubehalten. Zurückschiebung des Eides durch den Dritten würde daher, wenn sich mit ihr nicht bedingte Annahme verbindet, der Ablehnung gleich zu achten sein. Der Nebenintervenient darf den Eid zurückschieben, wie sich aus § 64 ergiebt.[1] Ein Widerspruch des Interventen würde hier ohne Erheblichkeit sein, da dieser nicht Delat ist und folglich überhaupt keine Erklärungen über den Eid abgeben kann. Relat kann selbstverständlich nur der Deferent sein.

Giebt der Dritte keine Erklärung über den ihm zugeschobenen Eid ab, oder erscheint er überhaupt nicht, so ist darin nach § 417, Abs. 2 eine Ablehnung des Eides zu erblicken.[2] Man darf nicht sagen, er befinde sich dann, wenn er die Wahl zwischen Annahme und Zurückschiebung nicht habe, also, wenn er nicht Intervenient ist, in keiner anderen Lage, als wäre er Relat, und deshalb müsse der ihm zugeschobene Eid auch ohne ausdrückliche Annahmeerklärung von seiner Seite als angenommen gelten. Daß auch von der Partei dann, wenn die Zuschiebung unzulässig ist, eine ausdrückliche Annahmeerklärung gefordert werden muß, zeigt § 417, Abs. 2.

Dem Erfordernis des § 420 hat das Gericht zu genügen, wenn es dazu in der Lage ist, wenn der Dritte in der mündlichen Verhandlung erscheint.

---

[1] Ganz allgemein behaupten die Unzulässigkeit der Zurückschiebung durch den Dritten Hellmann, Komm., § 415, A. 3d; Meyer, a. a. O., S. 613.

[2] Vergl. auch Kleiner zu § 415.

5. Sind alle Voraussetzungen der Auferlegung des Eides erfüllt, so ist das Gericht nur dann verbunden, die Eidesleistung anzuordnen, wenn es den irregulären Eid durch Zwischenurteil für statthaft erklärt hat, nicht, wenn jene Entscheidung als Beschluß ergangen ist. Für die Form des dem Dritten aufzuerlegenden Eides ist § 424 maßgebend.[1] Auferlegt wird der Eid dem Dritten, wie der Partei, durch Eidesurteil oder Eidesbeweisbeschluß (§ 425. 426. 558, Abs. 4).[2]

Eine Einigung der Parteien über Norm und Erheblichkeit des irregulären Eides hätte stattzufinden, sobald der Dritte die Annahme erklärt hat. Daß die von § 415 geforderte Einigung sich nicht auf Norm und Erheblichkeit des irregulären Eides zu erstrecken braucht, ist bereits dargelegt worden. Der Eid des § 415 kann daher nicht etwa in allen Fällen durch Beweisbeschluß auferlegt werden.[3]

Wenn die Partei, welcher zugeschoben wurde, den Eid einem Dritten zurückschieben will, so kann sie die Delation nicht mit dem Angebote der Einigung nach § 415 beantworten. Sie würde sich, wenn sie die Erklärung über Annahme oder Zurückschiebung des Eides unterließe, nach § 417, Abs. 2 den Folgen der Eidesverweigerung aussetzen. Andererseits würde sie sich durch eine unbedingte Annahme oder Zurückschiebung des Eides an den Gegner der Möglichkeit berauben, ihn dem Dritten zurückzuschieben (§ 423). Die Zurückschiebung an den Dritten unter der Voraussetzung, daß sie zugelassen werde, muß also der Einigung der Parteien über die Statthaftigkeit des irregulären Eides und seiner Zulassung durch das Gericht zweifellos vorausgehen, während die Annahme oder

---

[1] Vergl. Meyer, a. a. O., S. 613. Nach Fitting, Lehrb., S. 455, N. 13, kann von dem Dritten immer nur ein Wahrheitseid verlangt werden, da er als Zeuge nur über das schwören dürfe, was er aus eigener Wahrnehmung wisse und ihm nicht zugemutet werden dürfe, im Interesse der Parteien Nachforschungen anzustellen. Könne er die Wahrheit nicht beschwören, so müsse er die Unwahrheit beschwören, eventuell müsse er beschwören, sich der Thatsache nicht zu erinnern. Dem ist zu erwidern: 1. Auch der Zeuge sagt aus und beschwört, daß er diese oder jene Überzeugung habe. 2. Er ist oft genötigt, im eigenen Interesse Nachforschungen anzustellen. 3. Will der Delat des § 415 das nicht, so lehnt er den zugeschobenen Eid ab oder verweigert den auferlegten. 4. Zu einer Änderung der durch Urteil festgestellten Eidesnorm ist das Gericht, von der Beschränkung nach § 431 abgesehen, nicht befugt, nur unerhebliche Umstände darf es berichtigen (§ 431). 5. Einen Ignoranzeid kennt die Prozeßordnung nur in der Form des Offenbarungs- oder Editionseides. Vergl. gegen Fitting auch Meyer, a. a. O.

[2] Seuffert, § 415, A. 3; Struckmann-Koch, § 415, A. 2; Wilmowsky-Levy, § 415, A. 1; Gaupp, § 415, A. III; von Bülow, § 415, A. 1; Puchelt zu § 415; Fitting, S. 455, N. 15.

[3] Vergl. Meyer, a. a. O., S. 610.

Zurückschiebung des Eides an den Gegner für den Fall, daß die Zurückschiebung an den Dritten die Genehmigung des Gegners und des Gerichtes nicht finden werde, mit ihr zu verbinden ist (§ 417, Abs. 2).

Der dem Dritten zurückgeschobene Eid gilt auch ohne dessen ausdrückliche Annahmeerklärung als angenommen (§ 421.) Eine Auslegung des § 421 im Sinne der Begründung der Motive,[1] daß der zurückgeschobene Eid deshalb ohne ausdrückliche Annahmeerklärung des Relaten für angenommen gelte, weil in der Delation die Annahme des Eides für den Fall der Relation enthalten sei, würde zu dem Ergebnis führen, daß, weil hier Deferent und Relat nicht eine Person sind, von dem Dritten ausdrückliche Annahme des zurückgeschobenen Eides zu verlangen sei, und der Eid, wenn die Annahme nicht ausdrücklich erklärt werde, nach § 417, Abs. 2 als abgelehnt zu gelten habe. Aber dieser Gedanke hat keine Aufnahme in den Text des Gesetzes gefunden und dieses bietet bei seinem unzweideutigen Wortlaute keinen Anlaß zu einer beschränkenden Auslegung in diesem Sinne.

III. Eine Vereinfachung des Verfahrens im Hinblick auf das praktische Bedürfnis könnte nur herbeigeführt werden durch eine Verbindung einmal des Dekretes über die Statthaftigkeit des irregulären Eides mit dem Eidesurteil oder Eidesbeweisbeschluß, andererseits der Vereinbarung der Parteien über die Zulässigkeit des Eides mit einer etwaigen Einigung über Norm und Erheblichkeit. Sind diese Verbindungen und die durch sie bewirkte Verschiebung in der logischen Reihenfolge der Verfahrensakte möglich?

Daß ein formell einheitliches Dekret eine Mehrheit von Entscheidungen enthält, widerstreitet den Anschauungen der Prozeßordnung nicht. Es mag nur an das Urteil in dem nur formell einheitlichen streitgenössischen Verfahren erinnert werden. Auch aus § 415 ergiebt sich kein Hindernis gegen die Verbindung der beiden Dekrete. Fitting[2] schließt aus dem Worte „anordnen“ in § 415, daß unter allen Umständen ein besonderer Beschluß notwendig sei, der die Zulässigkeit des irregulären Eides ausspreche. Zugegeben, daß das Gesetz den Ausdruck „Anordnung“ stets nur von Beschlüssen gebrauche, so ist damit die Unmöglichkeit einer Verbindung der beiden Entscheidungen noch nicht erwiesen. Anordnen, daß die Zuschiebung des Eides an den Dritten zulässig sein solle, kann das Gericht nicht nur, indem es durch ein besonderes Dekret deren Statthaftigkeit ausspricht, sondern durch jedwede dahin gehende Willensäußerung, durch konkludente Handlung, indem es sofort den

[1] S. 282 (Hahn, Mat., 2. Aufl., I, S. 336).

[2] S. 454, N. 10. Dagegen Meyer, a. a. O., S. 609.

an sich unzulässigen Eid auferlegt. Die Verbindung der beiden Dekrete ist daher grundsätzlich statthaft. Der Beschluß über die Zulassung des irregulären Eides wird durch das Eidesurteil oder den Eidesbeweisbeschluß entbehrlich, ein Zwischenurteil zu erlassen, ist das Gericht aber überhaupt nicht verpflichtet (§ 275). Im Tenor des Eidesurteiles braucht die Statthaftigkeit des irregulären Eides weder, wenn die abgesonderte Entscheidung darüber die Form des Zwischenurteiles hätte annehmen müssen, noch, wenn sie als Beschluß hätte ergehen können, ausgesprochen zu werden, es genügt, wenn dies in den Urteilsgründen geschieht. Ein Zwischenurteil muß hingegen ausnahmsweise dann erlassen werden, wenn die besondere Entscheidung über die Zulässigkeit des irregulären Eides in dieser Form zu treffen ist, und das Gericht den Eid durch Beweisbeschluß auferlegen will. In diesem kann das Zwischenurteil nicht aufgehen.[1] Die ablehnende Entschließung des Gerichtes über die Zulassung der Delation oder Relation an den Dritten braucht in jedem Falle nur aus den Gründen des Urteiles ersichtlich zu werden.

Die Verbindung der beiden Dekrete hat keine Verschiebung in der logischen Reihenfolge der Verfahrensakte zur Folge, wenn der Eid dem Dritten zurückgeschoben werden soll. Dann folgt, wie bereits dargelegt, logisch das eine dem anderen. Handelt es sich dagegen um die Zuschiebung an den Dritten, so tritt eine solche Verschiebung ein, weil die Delation und die Erklärung des Dritten über den Eid der Anordnung der Eidesleistung vorausgehen müssen. Diese beiden Akte müßten sich daher der Einigung der Parteien sofort anschließen und unter der Bedingung erfolgen, daß das Gericht die Genehmigung zu der Zuschiebung an den Dritten noch giebt. Die Zulässigkeit einer bedingten Delation, sowie bedingter Annahme oder Zurückschiebung steht außer Zweifel. Ein Beispiel bedingter Annahme oder Zurückschiebung giebt § 417, Abs. 2, und Delationen unter der Bedingung, daß nicht auf richterlichen Eid erkannt werde, oder daß das Ergebnis der Beweisaufnahme für die richterliche Überzeugung nicht ausreichend sein sollte, sind häufig.[2] Aus diesen Beispielen erhellt auch die Statthaftigkeit einer Bedingung, deren Eintritt oder Ausfall erst durch die Auferlegung des Eides oder die anderweit ergehende Entscheidung festgestellt wird, wie es bei der hier fraglichen Bedingung der Delation, Annahme oder Relation der Fall ist.

---

[1] Die Zulässigkeit einer Verbindung der beiden Dekrete unter allen Umständen behaupten: Meyer, a. a. O., S. 609; Struckmann-Koch, § 415, A. 2; Seuffert, § 415, A. 3; Gaupp, § 415, A. III; Wilmowski-Levy, § 415, A. 1; von Bülow, § 415, A. 1; Puchelt zu § 415.

[2] Vergl. R.G., C.S., X, S. 324.

Die Vereinbarung der Parteien über Norm und Erheblichkeit des Eides kann, wie bereits ausgeführt wurde, von vornherein in der Einigung über den irregulären Eid enthalten sein.

IV. Der Schwurtermin wird anberaumt und findet statt, wie wenn eine Partei schwurpflichtig wäre. Wie für den Dritten keine prozessuale Pflicht und kein prozessualer Zwang besteht, in der mündlichen Verhandlung zu erscheinen und sich über die Delation zu erklären, so ist er auch nicht verbunden, im Schwurtermine zu erscheinen und den ihm auferlegten Eid zu leisten oder zu verweigern. Sein Erscheinen zu bewirken, ist Sache der interessierten Partei. Sie kann ihn laden, muß es jedoch nicht. Die Ladung des Gegners verpflichtet nicht auch zur Ladung oder Stellung des Dritten.[1]

Der Nebenintervenient, welcher nach § 415 Delat oder Relat ist, muß nicht nur durch die betreibende Partei zugleich mit dem Gegner zum Schwurtermine geladen werden, da ihn die Parteien zum Verfahren „zuziehen“ müssen (§ 68, Abs. 3, vergl. § 59, Abs. 2. 60 C.P.O.), sondern er kann auch selbst die Parteien laden (§ 64 C.P.O.). Die Terminsverfügung des ersuchten Richters ist auch ihm zuzustellen (§ 294, Abs. 3; vbd. § 68, Abs. 3).

V. Das Recht der Parteien, ungeachtet der Zuschiebung oder Zurückschiebung an den Dritten, der Annahme oder Zurückschiebung des Eides durch ihn, anderweiten Beweis anzubieten, ist das gleiche, wie gegenüber dem deferierten Eide überhaupt, denn es folgt aus seiner subsidiären Natur und die Einigung der Parteien über den irregulären Eid ist kein Kompromiß auf diesen.[2] Der Dritte kann ein Recht auf die Vertretung des Gewissens nicht haben, er verweigert den Eid, wenn er ihn nicht leisten kann. Wohl aber darf der Nebenintervenient als Delat oder Relat zur Vermeidung des Eides weiteren Beweis antreten. Er ist aber dann darin anders, als in seinen Erklärungen über den Eid, dem Interventen untergeordnet (§ 64). Der Dritte kann, wenn von den Parteien, der Nebenintervenient, wenn von diesen oder von ihm selbst weiterer Beweis angetreten wurde, bis zu dessen Erledigung mit seiner Erklärung über den Eid zurückhalten. Für den Nebenintervenienten folgt dies aus den ihm zustehenden Parteirechten, für den Dritten überhaupt daraus, daß der Gegner des Deferenten benachteiligt sein

---

[1] Meyer, a. a. O., S. 164 behauptet, wenn der Schwurtermin vor dem ersuchten Richter stattfinde, sei die Terminsverfügung nach § 294, Abs. 3 auch dem Dritten zuzustellen. Das Gesetz spricht nur von den „Parteien“ und an den Dritten richtet sich die Verfügung nicht, da er nicht Prozeßsubjekt ist.

[2] Ebenso Wilmowski-Levy, § 415, A. 3; Gaupp, § 415, A. 3; Kleiner und Puchelt zu § 415.

würde, wenn ungeachtet des weiteren Beweisangebotes das Unterbleiben der sofortigen Beantwortung des angetragenen Eides durch den Dritten als dessen Ablehnung zu gelten hätte. Der Probat würde sich dann in einer schlechteren Lage befinden, als wenn er der Zuschiebung an den Dritten nicht zugestimmt hätte, mithin die beweispflichtige Partei überhaupt nicht oder nur an ihn deferieren könnte.

VI. Anfechtung und Widerruf der Delation oder Relation und der Einigung sind, wie schon bemerkt wurde, zu trennen. Von Anfechtung und Widerruf der Einigung ist bereits gehandelt worden. Über Anfechtung und Widerruf der Znschiebung oder Zurückschiebung an den Dritten gilt dasselbe, wie wenn dem Gegner zugeschoben oder zurückgeschoben wurde. Es mag hervorgehoben werden, daß dem Deferenten oder Referenten ein Recht zur Anfechtung oder zum Widerruf der Delation oder Relation nach Maßgabe der § 419. 422. 423. 432 zusteht, während er die Einigung überhaupt nicht widerrufen und nur dann anfechten kann, wenn er der irrende Teil war. [1]

Wegen der Aufnahme anderweiten Beweises kann der Dritte seine Annahmeerklärung nicht widerrufen, denn zu prozessualen Dispositionen ist er nur insoweit befugt, als sie aus der Delation selbst hervorgehen. Überdies würde für ihn ein solches Recht gegenstandslos sein, da er die Annahme nicht durch die Zurückschiebung ersetzen kann. Der Nebenintervenient kann hingegen die Annahme oder Zurückschiebung wegen der Aufnahme anderweiten Beweises, die Zurückschiebung außerdem wegen rechtskräftiger Verurteilung des Deferenten und Relaten wegen wissentlicher Verletzung der Eidespflicht widerrufen. Er kann die Zurückschiebung anfechten, wenn ihm eine solche, vor dieser erfolgte Verurteilung unbekannt geblieben war. Der Intervent kann, da er selbst nicht Delat ist, weder selbst in diesen Fällen die Annahme oder Zurückschiebung des Intervenienten widerrufen, noch dessen Erklärungen modifizieren. Auch steht der Anfechtung der Zurückschiebung durch den Intervenienten nicht entgegen, daß dem Interventen die Verurteilung des Relaten bekannt war, denn zwischen dem Interventen und dem Intervenienten besteht kein Stellvertretungsverhältnis.

VII. Nach § 217. 236. 237 ist die Möglichkeit gegeben, daß im Laufe des Rechtsstreites eine Partei, welcher zugeschoben ist,

---

[1] Wie hier Gaupp, § 415, A. III. Seuffert, § 415, A. 3 und Struckmann-Koch, § 415, A. 2 haben nur den Widerruf der Einigung im Auge und nehmen Möglichkeit des Widerrufes nur im Falle des § 432 an, leugnen sie für die Fälle der §§ 419 und 422. In diesen Fällen soll das Gericht den Beschluß über die Zulassung des irregulären Eides zurücknehmen.

Dritter, ein Dritter, welchem zugeschoben ist, Partei wird. Ist ein derartiger Wechsel vor der Anordnung der Eidesleistung eingetreten, so ist die Frage, ob der Delat als Dritter oder als Partei anzusehen sei, nach der Lage des Prozesses am Schlusse der dem Eidesdekrete voraufgehenden mündlichen Verhandlung zu entscheiden.[1] Sowohl in diesem Falle, wie dann, wenn der Wechsel in der Parteienrolle erst nach der Auferlegung des Eides eintritt, kann die ausgeschiedene Partei den ihr in ihrer Eigenschaft als Partei zugeschobenen oder auferlegten Eid nicht mehr ausschwören, sie wird im Sinne des § 433, Abs. 1 zur Leistung dieses Eides unfähig.[2] Die Folge ist, daß der Prozeß in die Lage zurückversetzt wird, in der er sich vor der Zuschiebung befand. Soll daher gleichwohl an dem Eide der ausgeschiedenen Partei festgehalten werden, so wäre ihr von neuem nach den für die Delation an Dritte geltenden Regeln zuzuschieben. Ist dagegen dem Dritten vor seinem Eintritt in den Prozeß zugeschoben worden, so besteht nunmehr gegen die Leistung des Eides durch ihn kein Hindernis. Wenn die weitergehenden Erfordernisse erfüllt sind, von denen seine Eidesleistung in dem Falle abhängig gewesen wäre, daß er Dritter geblieben wäre, so kann er durch seinen Eintritt in die Parteienrolle die Fähigkeit, diesen Eid zu leisten, nicht verlieren. Seine Stellung gegenüber dem Eidesantrag des Gegners muß dann dieselbe sein, als wenn er von Anfang an Partei gewesen wäre.

VIII. Ein Recht, sich zur Leistung eines beschränkten Eides im Sinne des § 431 zu erbieten, hat der Dritte im allgemeinen nicht, da es an der Voraussetzung dieses Erbietens, der Zurücknahme einer Behauptung oder der Ablegung eines Geständnisses in seiner Person fehlen würde. Ein solches Recht kann daher nur dem Nebenintervenienten, dem nach § 415 zugeschoben wurde, zugebilligt werden. Der Beschluß über die seinem Antrage entsprechende Abänderung der Eidesnorm stellt sich dar als Modifikation des die Zuschiebung an den Intervenienten zulassenden Dekretes. Er darf daher nicht erlassen werden, ehe nicht die Parteien ihre Einigung über das Thema des irregulären Eides, und wenn sie sich auch auf dessen Norm erstreckte, sie auch insofern geändert haben.

IX. Zuschiebung oder Zurückschiebung an mehrere Dritte oder an die Partei und einen Dritten, z. B. an den Interventen und den abhängigen Interventen ist nicht unmöglich. Auf das Verfahren würde, da die unter Eid gestellte Thatsache durch den Eid mehrerer

---

[1] Gaupp, § 414, A. I; Wilmowski-Levy, § 414, A. 1.

[2] Gaupp, a. a. O.; falsch verstanden von Thiele, civ. Arch., S. 37.

in einheitlichem Sinne entschieden werden soll, § 434 anzuwenden sein. Von der Zuschiebung an einen oder mehrere gesetzliche Vertreter eines Dritten wird später zu handeln sein.

X. Die Anwendung des § 433 in dem Falle, daß der Dritte, dem zugeschoben ist, stirbt oder zur Eidesleistung unfähig wird, giebt zu keinen Erörterungen Anlaß.

VI.

Ich gehe über zu der Darstellung des Verfahrens in den besonderen Fällen der Delation an Dritte, der Delation an den gesetzlichen Vertreter und an den streitgenössischen Nebenintervenienten.

I. Über das Verfahren im Falle der Delation an den gesetzlichen Vertreter giebt die Prozeßordnung positive Vorschriften in § 435, Abs. 1. 436. Die Zuschiebung und Zurückschiebung an den gesetzlichen Vertreter soll insoweit statthaft sein, als sie es wäre, wenn der Vertreter selbst Partei wäre oder der Vertretene den Prozeß in Person führte. Daraus, daß der gesetzliche Vertreter im eigenen Namen Delat ist, würde folgen, daß sich nur aus seiner Person der Umkreis der Thatsachen und Wahrnehmungen bestimmen dürfe, die Thema des Eides sein können. Die Prozeßordnung zieht diese Konsequenz nicht, sondern gestattet der Vertreterqualität des Delaten in dieser Hinsicht Einfluß.

Die Zuschiebung an den gesetzlichen Vertreter kann demnach einmal erfolgen über alle Handlungen und thatsächlichen Wahrnehmungen der vertretenen Partei, ihrer Rechtsvorgänger und Vertreter. Darin sind zugleich begriffen alle Handlungen und Wahrnehmungen des schwurpflichtigen gesetzlichen Vertreters als solchen, seiner Rechtsvorgänger in der Vertreterstellung und seiner Untervertreter. Außerdem aber sollen Thema des Eides sein können die Handlungen und Wahrnehmungen des gesetzlichen Vertreters, seiner Rechtsvorgänger und Vertreter überhaupt.[1] Die Zurückschiebung

[1] Ebenso **Wilmowski-Levy**, § 435, A. 2; **Struckmann-Koch**, § 435, A. 3; **Hellmann**, Komm. zu § 435; **Kleiner** zu § 435; R.G., C.S. XV, S. 303 fg. XXI, S. 181 fg. Die Meinung, daß die Zuschiebung nur zulässig sei über Handlungen und Wahrnehmungen der Rechtsvorgänger des gesetzlichen Vertreters in der Vertreterstellung, **Seuffert**, § 435, A. 2; **Gaupp**, § 435, A. II; **Petersen**, § 435. 436, Abs. 2, findet in dem unzweideutigen Wortlaute des § 435 ihre Widerlegung.

des Eides an den gesetzlichen Vertreter ist statthaft, soweit die Zuschiebung an ihn nach § 435. 413 es sein würde. Vermöge wörtlicher Auslegung der § 435, Abs. 1. 413, Abs. 2 könnte man zu der Annahme gelangen, daß der gesetzliche Vertreter die Zurückschiebung geschehen lassen müßte, wenn der Eid eine eigene Handlung und Wahrnehmung des Referenten sowohl, wie der vertretenen Partei, nicht aber seiner selbst betrifft. Dieser Gedanke würde dem in § 413, Abs. 2 ausgesprochenen Prinzip widerstreiten. Die Zurückschiebung soll ausgeschlossen sein, wenn der Delat, nicht aber der Relat über eine eigene Handlung oder Wahrnehmung zu schwören hätte, derjenige Eid soll geleistet werden, dem die höhere materielle Überzeugungskraft zukommt. Dementsprechend wird man nur das Verhältnis zwischen dem Referenten und dem gesetzlichen Vertreter für maßgebend für die Zulässigkeit der Zurückschiebung erachten können und diese dann für unstatthaft erklären müssen, wenn eine eigene Handlung oder Wahrnehmung des Referenten und der vertretenen Partei, nicht aber des gesetzlichen Vertreters in Frage steht.

Sind mehrere gesetzliche Vertreter vorhanden, gleichviel ob alle den Prozeß betreiben, oder nur einer oder einzelne,[1] so ist nur denjenigen zuzuschieben oder zurückzuschieben, deren eigene Handlung oder Wahrnehmung der Eid betrifft.[2] Trifft dies für alle oder für keinen zu, so ist allen zu deferieren oder referieren, soweit nicht die Zuschiebung oder Zurückschiebung an einzelne nach § 410. 413. 435, Abs. 1 unzulässig ist. Auch diese Modifikation, mit der nach

---

[1] Vergl. Seuffert, § 436, A. 1; Gaupp, § 436, A. II.

[2] Daraus, daß § 436, S. 2 nur von der „Leistung“ des Eides spricht, schließt Endemann, Komm. zu § 436, daß die Zuschiebung an die mehreren gesetzlichen Vertreter nach § 434 erfolge, soweit nach § 410. 413. 435 zulässig, daß aber die nach § 436 nicht schwurpflichtigen gesetzlichen Vertreter zur Eidesleistung nicht zugelassen würden. Es ist kein Grund ersichtlich, das Wort „leisten“ in § 436, S. 2 zu betonen. — Gaupps Formulierung, § 436, A. II, der Wahrheitseid des einen gesetzlichen Vertreters schließe den Überzeugungseid der übrigen aus, trifft wegen § 424, Abs. 2 nicht zu. — Siebenhaar zu § 436 behauptet ohne Begründung die Zulässigkeit der Zuschiebung im Falle des § 436, S. 2 auch an diejenigen gesetzlichen Vertreter, in deren Auftrag der zunächst schwurpflichtige gehandelt habe. — Nach Wilmowski-Levy, § 436, A. 1 ist der Eid, wenn er auch nicht schwurpflichtigen gesetzlichen Vertretern auferlegt ist, nur den schwurpflichtigen abzunehmen. M. E. ist auch das nicht aus dem zweiten Satze des § 436 herauszulesen. Die Feststellung der Schwurpflicht erfolgt in dem Eidesbeweisbeschluß oder Eidesurteil. Ist einigen der gesetzlichen Vertreter der Eid zu Unrecht auferlegt, so kann das Gericht den Beweisbeschluß abändern. An das Eidesurteil ist es gebunden. Dessen Anfechtung bleibt den Parteien überlassen. Ist es rechtskräkftig, so muß auch den nicht schwurpflichtigen gesetzlichen Vertretern der Eid abgenommen werden.

§ 436 die Vorschriften des § 434 anzuwenden sind, zeigt, daß das Gesetz, wenn es auch in dem gesetzlichen Vertreter selbst den Delaten erblickt, seine Vertreterstellung nicht unberücksichtigt läßt. Das Prinzip, wie es mit der Zuschiebung zu halten sei, wenn der Eid mehrerer über eine für ein einheitliches Rechtsverhältnis erhebliche Thatsache entscheiden soll, ist in § 434 enthalten. Wenn nach § 436 der Eid nur demjenigen unter mehreren gesetzlichen Vertretern zuzuschieben ist, der über eine eigene Handlung oder Wahrnehmung zu schwören hat, so erklärt sich dies daraus, daß das Gesetz dem Eide des einen unter mehreren Vertretern desselben Subjektes nicht die gleiche selbständige Bedeutung beimißt, wie dem Eide des einen unter mehreren zu einer Partei verbundenen Subjekten. Daher ist auch in den übrigen Fällen, in denen die Feststellung einer für ein einheitliches Rechtsverhältnis erheblichen Thatsache durch den Eid mehrerer erfolgen soll, bei der Eideszuschiebung an mehrere Dritte oder an die Partei und einen Dritten nach § 415, sowie bei der unten zu besprechenden Delation an den Interventen und den streitgenössischen Intervenienten, § 434 ohne die Modifikation des § 436 anzuwenden.

Aus diesen beiden Gedanken des Gesetzes, daß der gesetzliche Vertreter selbst Delat, daß er es aber doch wieder nur um seiner Vertreterstellung willen ist, ergiebt sich die Richtschnur für das weitere Verfahren. Man wird alle diejenigen seiner Handlungen, die aus der Thatsache fließen, daß er Delat ist, als eigene, alle anderen als Vertreterhandlungen bezeichnen müssen. Andererseits wird man ihm aber deshalb, weil er nicht Partei ist, nicht diejenigen Handlungen verschließen können, die der Delat als solcher vorzunehmen hat, die aber ein Dritter, dem zugeschoben ist, an sich nicht vornehmen kann. Man würde sonst zu dem Resultat gelangen, daß dem gesetzlichen Vertreter diese Handlungen versagt sind, weil er nicht Partei, und der vertretenen Partei, weil sie nicht Delat ist. Es ist aber gewiß nicht die Meinung des Gesetzgebers, durch die Vorschrift des § 435 die prozeßunfähige Partei zu benachteiligen. Man wird daher dem gesetzlichen Vertreter unbedenklich die Befugnis geben dürfen, den Eid nicht nur anzunehmen oder abzulehnen, zu leisten oder zu verweigern, sondern ihn auch zurückzuschieben, die Zurückschiebung anzufechten, die Zurückschiebung oder Annahme zu widerrufen. Er ist Delat um seiner Vertreterstellung willen. Das der indirekten Stellvertretung ähnliche Rechtsverhältnis, das die Prozeßordnung in § 435 geschaffen hat, findet statt nicht nur bei der passiven Beteiligung an der Zuschiebung und Zurückschiebung, sondern ist auszudehnen auf alle diejenigen Akte, die der Delat oder Relat als solcher vorzunehmen hat.

Über die Annahme oder Zurückschiebung des Eides bei einer Mehrheit gesetzlicher Vertreter bestimmen §§ 436 vbd. 434. Anzunehmen haben nur die Delaten, zurückzuschieben alle. Daraus folgt, daß die Zurückschiebung nur derjenigen gesetzlichen Vertreter, denen nicht zugeschoben ist, für sich allein wirkungslos, die Zurückschiebung eines Teiles der gesetzlichen Vertreter, wenn sich bei denjenigen, die nicht Delaten sind, damit die bedingte Annahme verbindet, als Annahme aufrechtzuerhalten ist, wenn aber nicht, als Verweigerung gilt.

Nach § 416 muß bei der Delation zum Ausdruck gelangen, daß dem gesetzlichen Vertreter des Gegners, oder welchen unter den mehreren der Eid zugeschoben werde. Auch bei der Zurückschiebung ist eine solche ausdrückliche Bezeichnung zu fordern, denn Deferent und Relat sind hier nicht dieselbe Person. Eine Zuschiebung oder Zurückschiebung ohne sie wäre nicht korrekt, jedoch würde ein derartiger Mangel Ungiltigkeit dieser Akte so wenig bewirken, wie die Unterlassung der Benennung des prozeßfähigen Gegners als Delaten. Zuschiebung oder Zurückschiebung „an die Gegenpartei" schlechthin oder überhaupt ohne Bezeichnung eines Delaten oder Relaten würde als dem gesetzlichen Vertreter des Gegners oder bei einer Mehrheit von solchen als denjenigen geltend aufzufassen sein, denen nach den Umständen des Falles zu deferieren oder referieren ist.[1]

In dem Eidesurteil oder Eidesbeweisbeschluß ist dagegen der schwurpflichtige gesetzliche Vertreter ausdrücklich zu bezeichnen, da das Gericht nicht nur die Zulässigkeit der Zuschiebung und Zurückschiebung zum Teil aus seiner Person zu prüfen, sondern auch die Form des von ihm zu leistenden Eides aus seiner Person festzustellen hat. Bei einer Mehrheit gesetzlicher Vertreter bedarf außerdem die Schwurpflicht jedes einzelnen einer Untersuchung. Anordnung der Eidesleistung ohne Bezeichnung, also ohne Feststellung des Schwurpflichtigen, ist daher unstatthaft.[2]

---

[1] Für unnötig erklären die Bezeichnung des Delaten: Struckmann-Koch, § 435, A. 3; Gaupp, § 416, A. II. § 433, Nr. 10. § 435, A. II; R.G. C.S., XIV, S. 20flg. XXI, S. 181flg. Dagegen fordern Wilmowski-Levy, § 435, A. 2 ausdrückliche Bezeichnung des gesetzlichen Vertreters des Delaten bei einer lediglich aus seiner Person zulässigen Delation. Diese Bennenung gehöre zur Behauptung der Zulässigkeit der Delation. Die Behauptung der Zulässigkeit der Delation liegt jedoch schon in der Delation selbst.

[2] Ebenso Gaupp, § 416, A. II. § 433, Nr. 10. § 435, A. II. Die Zulässigkeit behaupten Struckmann-Koch, § 435, A. 3; R.G. C.S., XIV, S. 20flg. aus dem in diesem Sinne im Text sogleich abzulehnenden Grunde, daß sich die Person des Schwurpflichtigen nach der Zeit der Eidesleistung bestimme. Wilmowski-Levy, § 435, fordern ausdrückliche Bezeichnung des Schwurpflichtigen, wenn ein allein aus der Person des Vertreters zulässiger Eid in Frage

Das Ausscheiden eines gesetzlichen Vertreters nach der Auferlegung des Eides wird man, von dem Falle des § 435, Abs. 2 abgesehen, nur dann für irrelevant erklären können, wenn er nicht schwurpflichtig war. In allen anderen Fällen, in denen der alleinige gesetzliche Vertreter oder von mehreren schwurpflichtigen einer[1] die Vertretungsbefugnis verliert, wird der Prozeß dadurch in die Lage zurückversetzt, in der er sich vor der Zuschiebung befand, so daß der Eidesbeweisbeschluß und das Eidesurteil, dieses in dem anderweit ergehenden Urteil, aufzuheben sind.[2] Ausnahmslos aber greift die Regel des § 433 Platz, wenn der Delat oder Relat vor der Anordnung der Eidesleistung der Vertretereigenschaft verlustig wird. Erst durch das Eidesurteil oder den Eidesbeweisbeschluß erfolgt die Feststellung der Schwurpflicht, diese ist bis dahin für jeden einzelnen ungewiß, deshalb muß das Ausscheiden eines jeden Vertreters ohne Unterschied die in § 433 bezeichnete Folge haben. Eine individuelle Benennung bei der Delation oder Relation hat nur die Bedeutung einer Behauptung, nicht einer Feststellung der Schwurpflicht. Darum kann sie für den Fall des Ausscheidens eines nicht benannten gesetzlichen Vertreters die Folge des § 433 nicht ausschließen. Unterbleibt die individuelle Benennung, so gilt die Delation, wie schon erwähnt, jedem nach dem Gesetze zur Zeit der Delation schwurpflichtigen Vertreter. Eine Delation ohne diese Benennung aber, die als solche an den zur Zeit der Anordnung der Eidesleistung schwurpflichtigen gesetzlichen Vertreter erkennbar wäre, würde unzulässig sein, weil in diesem Sinne eine den Eid auferlegende Entscheidung nicht ergehen kann.

Weil die Feststellung der Schwurpflicht durch den Eidesbeweisbeschluß oder das Eidesurteil erfolgt, bleibt der nach deren Erlaß geschende Eintritt eines gesetzlichen Vertreters, wenn nicht zugleich einer der bisherigen ausscheidet, irrelevant, während er, wenn er vorher erfolgt, die Wirkung des § 433 nach sich ziehen muß. Die Feststellung der Schwurpflicht erfolgt nach der Lage des Prozesses am Schlusse der dem Erlaß des Eidesdekretes vorausgehenden mündlichen Verhandlung.

---

stehe. Aber weder, wenn der fragliche Eid gegenwärtig nur aus der Person der vertretenen Partei, noch wenn er aus der Person sowohl der Partei, wie des Vertreters zulässig, läßt sich für jeden künftig eintretenden solchen die Eidesform vorausbestimmen. Bei einer Mehrheit gesetzlicher Vertreter fordert die Feststellung der Schwurpflicht des einzelnen Bezeichnung des Schwurpflichtigen in jedem Falle.

[1] Vergl. Wilmowski-Levy, § 433, A. 1.

[2] Wilmowski-Levy, § 435, A. 2 wollen § 433 nur in denjenigen Fällen Anwendung finden lassen, in denen sie Bezeichnung des Schwurpflichtigen in dem Eidesdekret fordern.

Nicht nur dem gesetzlichen Vertreter einer prozeßunfähigen Partei kann der Eid zugeschoben werden, auch die Delation an den gesetzlichen Vertreter eines prozeßunfähigen Dritten ist denkbar. Es muß aber dann aus der Delation ersichtlich werden, daß ihm in seiner Vertretereigenschaft und nicht in eigener Person zugeschoben werde. Unter der Voraussetzung, daß den Erfordernissen des § 415 genügt wurde, liegt kein Grund vor, die Delation an den gesetzlichen Vertreter eines Dritten nicht in demselben Umfange zuzulassen, wie die Delation an den gesetzlichen Vertreter einer Partei. Das weitere ergiebt die entsprechende Anwendung der § 435. 436. 434.

II. Unerörtert kann die Frage bleiben, ob das Rechtsverhältnis des streitgenössischen Intervenienten zu dem Interventen und zu dem Gegner in allen Fällen nach Analogie der materiellen Streitgenossenschaft oder teilweise auch der nur formellen zu beurteilen sei. Für die Eideszuschiebung an ihn sind jedenfalls immer die Sätze des § 434 maßgebend.[1] Nur für ein einziges Rechtsverhältnis, das zwischen dem Interventen und dem Gegner, soll sein Eid von Einfluß sein, über das Rechtsverhältnis zwischen dem Gegner und ihm wird überhaupt nicht entschieden. Dem streitgenössischen Intervenienten ist mithin neben, nicht an Stelle des Interventen zuzuschieben. Einem von beiden allein ist nur dann zu deferieren oder referieren, wenn die Zuschiebung oder Zurückschiebung an den anderen nach § 410. 413 unstatthaft erscheint. Im übrigen bietet die Anwendung der Vorschriften des § 434 und der sonstigen Bestimmungen über den deferierten Eid keine Besonderheiten, nur ist daran festzuhalten, daß die Handlungen und Erklärungen des Intervenienten hinsichtlich des Eides denen des Interventen gleichwertig sind, daß nicht etwa die des Interventen seinen vorgehen oder der Intervenient dem Interventen durch Handlungen und Erklärungen nicht präjudizieren könne.[2] Der selbständige Intervenient hat, wenn er auch Intervenient bleibt, die Rechte eines Streitgenossen.

---

[1] Vergl. Seuffert, § 66, A. 3d.

[2] Vergl. Gaupp, § 414, A. 2; Struckmann-Koch, § 414, A. 2; Kleiner zu § 415.

VII.

Es erübrigt noch, zu untersuchen, welche Wirkung die Eidesleistung des Dritten oder das Unterbleiben dieses Aktes für den Beweis der unter Eid gestellten Thatsache hat. Über die Beweiswirkung der Leistung und Verweigerung des Eides und derjenigen Akte und Thatsachen, die der Leistung oder Verweigerung gleichstehen, bestimmt die Prozeßordnung in § 417, Abs. 2. 428. 429. 430. 434, Abs. 2. Wie weit diese Rechtssätze auf den Eid des Dritten zu übertragen seien, ist streitig.

Grundsätzlich ist dem Eide des Dritten in positiver und negativer Richtung die gleiche Wirksamkeit zuzuschreiben, wie dem Eide einer Partei. Außer Zweifel steht dieses Prinzip, soweit es sich um den gesetzlichen Vertreter und den streitgenössischen Nebenintervenienten handelt. Für diesen folgt es aus der Gleichwertigkeit seiner Handlungen und derjenigen des Interventen. Soweit ihm nicht prozessuale Handlungen überhaupt versagt sind, ist die Wirksamkeit derjenigen, die er vornimmt, die gleiche, als wenn sie von dem Interventen ausgingen. Das Handeln des gesetzlichen Vertreters aber ist, soweit er im eigenen Namen handelnd auftritt, vom Gesetz zweifellos als ein Handeln mit Wirkung unmittelbar für die vertretene Partei gedacht. Der Zweck dieser Handlungen ist kein anderer, als ihn diejenigen verfolgen, die auch formell als Vertreterhandlungen aufzufassen sind.

Indessen auch für die Fälle des § 415 muß das bezeichnete Prinzip festgehalten werden.[1] Der dem Dritten deferierte Eid bleibt trotz seiner Regelwidrigkeit seinem Wesen nach zugeschobener Eid. Der Dritte hat, wie wenn der Deferent dem Gegner zugeschoben hätte, das Gegenteil der Behauptung des Deferenten zu beschwören. Die Norm seines Eides kann nicht im Sinne des Deferenten abgefaßt werden. Sein Eid ist kein kompromissarischer Eid, darum auch dessen Beweiskraft diejenige des deferierten Eides überhaupt. Durch analoge Anwendung des Gesetzes und nicht durch Interpretation des in der Einigung über den irregulären Eid zum Ausdruck gelangenden Parteiwillens[2] ist sie zu bestimmen. Wieweit

---

[1] Übereinstimmend Kleiner zu § 415; Planck, II, Abt. 1, S. 299; Meyer, bei Gruchot, 35, S. 611; Planck mit einigen noch zu besprechenden Abweichungen, Meyer, weil er in dem Dritten einen Vertreter des Gegners des Deferenten erblickt.

[2] Dieser Anschauung scheint die Auffassung Plancks, a. a. O., nahe zu stehn, daß die Zuschiebung an den Dritten nach § 433 gegenstandslos werde, wenn der Dritte jede Erklärung über den Eid verweigere oder im Schwurtermine ausbleibe, wie aus der Berufung auf § 859, Z. 1 in N. 23 hervorgeht.

der Mangel der Parteistellung in der Person des Delaten nötigt, dieses Prinzip zu verlassen, wird in den nunmehr zu besprechenden einzelnen Fällen zu prüfen sein.

1. Die Leistung des Eides durch den Dritten begründet vollen Beweis der beschworenen Thatsache, die Verweigerung der Eidesleistung, d. h. des auferlegten Eides, vollen Beweis ihres Gegenteiles (§ 428, Abs. 1. § 429, Abs. 2).[1] Der Beweis des Gegenteiles der beschworenen Thatsache findet nach § 428, Abs. 2. 543, Z. 1. 544 statt, wenn sich der Dritte durch die Leistung des Eides einer vorsätzlichen oder fahrlässigen Verletzung der Eidespflicht schuldig gemacht hat und deshalb entweder gegen ihn eine rechtskräftige Verurteilung ergangen ist oder das Strafverfahren gegen ihn aus anderen Gründen, als wegen Mangels an Beweis, nicht eingeleitet oder durchgeführt werden kann. Allerdings spricht § 543 nur von den Eidesdelikten der Partei, des Zeugen und des Sachverständigen. Es ist aber kein Zweifel, daß eine Ausdehnung der Voraussetzungen der Restitutionsklage in dem bezeichneten Sinne dem Willen des Gesetzes entspricht.

2. Dieselbe Wirkung wie die Eidesleistung des Dritten hat die Erlassung des Eides durch den Deferenten oder Referenten (§ 429, Abs. 1).[2]

3. Der Verweigerung der Eidesleistung steht es gleich, wenn der Dritte sich über die Zuschiebung überhaupt nicht erklärt,[3] oder den zugeschobenen Eid in einem Falle, wo die Zurückschiebung unzulässig ist, zurückschiebt, ohne ihn bedingt anzunehmen (§ 417, Abs. 2). Die gleiche Wirkung muß aber auch der ausdrücklichen Ablehnung des zugeschobenen oder zurückgeschobenen, noch nicht auferlegten Eides beigelegt werden. Dies ergiebt sich für die Ablehnung des zugeschobenen Eides aus § 417, Abs. 2. Das Gesetz kann dem Unterbleiben jeder Erklärung oder der unzulässigen Zurückschiebung doch nur deshalb die Wirkung der Eidesverweigerung zuschreiben, weil es darin eine stillschweigende Ablehnung des Eides erblickt. Die Unerheblichkeit einer ausdrücklichen Ablehnung des zurückgeschobenen Eides hat man aus der Äußerung der Motive zu § 421[4] gefolgert, daß eine Erklärung des Relaten deshalb nicht zu fordern sei, weil die Annahme des zurückgeschobenen

---

[1] Ebenso Planck, a. a. O.; Seuffert, § 415, A. 2; Gaupp, § 415, A. IV; Struckmann-Koch, § 415, A. 3; Hellmann, Komm., § 415, A. 2d; Meyer, bei Gruchot, 35, S. 615.

[2] Ebenso Gaupp, a. a. O.; Struckmann-Koch, a. a. O.; Meyer, a. a. O.

[3] A. M. Planck, s. S. 55, N. 2.

[4] S. 282 (Hahn, Mat., 2. Aufl., I, S. 336).

Eides in der Delation enthalten sei. Da nun die Annahme, von Ausnahmefällen abgesehen, nicht widerruflich sei, könne die in der Delation enthaltene Annahme durch nachträgliche Ablehnung des zurückgeschobenen Eides nicht beseitigt werden.[1] Diese Begründung trifft hier schon deshalb nicht zu, weil Deferent und Relat nicht eine Person sind, es ist aber außerdem gegen sie einzuwenden, daß die Annahme des zurückgeschobenen Eides in der Delation im einzelnen Falle nicht gewollt sein, deshalb nur präsumiert und diese Präsumtion durch gegenteilige ausdrückliche Erklärung umgestoßen werden kann.

4. Schwierigkeiten bietet die Frage, welche Wirkung dem Ausbleiben des Dritten im Schwurtermine beizumessen sei, da die Prozeßordnung die Folge der Eidesweigerung nicht ohne weiteres an die Versäumung des Schwurtermines durch den Schwurpflichtigen knüpft, sondern sie erst mit der Rechtskraft des die Eidesweigerung feststellenden Versäumnisurteiles eintreten läßt. Im allgemeinen ist man darüber einig, daß die Versäumnis des Dritten zu Gunsten des Deferenten wirken muß,[2] aber man streitet darüber, ob ein die Eidesweigerung feststellendes Versäumnisurteil aus seiner Versäumnis möglich sei,[3] oder ob nicht vielmehr sofort ein kontradiktorisches Urteil auf Grund der anzunehmenden Eidesweigerung zu ergehen habe.[4]

Daß aus der Versäumnis des gesetzlichen Vertreters gegen die Partei ein Versäumnisurteil ergeht, ist nichts befremdliches und findet in dem Vertretungsverhältnis seine Erklärung. Zwar ist die Handlung, die der gesetzliche Vertreter in dem versäumten Schwurtermine vornehmen sollte, formell Handlung im eigenen Namen, materiell aber bezweckt sie doch, Stellvertretung zu sein, und diese nur materielle Stellvertretung ist dem Gegner wie dem Gerichte bekannt.

Dagegen vermag für die übrigen Fälle keine Argumentation über die Thatsache hinwegzuhelfen, daß gegen den Gegner des Deferenten ein Versäumnisurteil nicht möglich ist, weil er nicht schwurpflichtig und nicht säumig, und gegen den Dritten nicht, weil er nicht Partei ist. Urteil ist nur möglich unter den Parteien, Versäumnisurteil nur infolge der Versäumnis einer Partei oder

---

[1] So Gaupp zu § 421; Wilmowski-Levy, § 421, A. 1; Hellmann, Lehrb., S. 582, Komm. zu § 421.

[2] A. M. Planck, s. S. 55, N. 2.

[3] So Wilmowski-Levy, § 415, A. 2; Struckmann-Koch, § 430, A. 5; Boas, bei Gruchot, 25, S. 573; Meyer, bei Gruchot, 35, S. 615.

[4] So Seuffert, § 415, A. 2; Gaupp, § 415, A. IV.

ihres Vertreters. Gleichwohl ist daran festzuhalten, daß das Gesetz die Versäumung des Schwurtermines von der Folge der Eidesweigerung begleitet wissen will. Daraus folgt, daß das Ausbleiben des Dritten im Schwurtermine ohne weiteres als Verweigerung der Eidesleistung gelten muß, zweifellos eine Härte für den Gegner des Deferenten. Sie zu umgehen, bietet das Prozeßleitungsrecht des Richters einen Weg. Das Gericht kann unter Berücksichtigung der besonderen Umstände des Einzelfalles auf Antrag des Probaten diesem durch Vertagung die Möglichkeit schaffen, das Erscheinen des Dritten in einem zweiten Schwurtermine herbeizuführen.[1]

Das gesagte gilt insbesondere von der Versäumnis des schwurpflichtigen streitgenössischen Intervenienten im Schwurtermine. Die Selbständigkeit seiner Rechtsstellung findet ihre Grenze darin, daß er der Parteieigenschaft entbehrt. Ein Urteil gegen ihn, und sei es auch nur das Versäumniszwischenurteil des § 430, ist daher nicht möglich. § 59 aber findet keine Anwendung, weil Verweigerung des Eides schon dann angenommen werden muß, wenn der Schwurpflichtige im Schwurtermin nicht in Person erscheint.

5. Über die Beweiswirkung eines von mehreren Dritten oder von der Partei und einem Dritten zu leistenden Eides giebt die Prozeßordnung in § 434, Abs. 2 besondere Bestimmungen, deren Anwendung zu keinen Erörterungen Anlaß giebt. Hervorgehoben mag nur werden, daß die Rechtssätze des § 434, Abs. 2 insbesondere auch dann Anwendung finden, wenn der streitgenössische Intervenient oder der Intervent allein schwurpflichtig ist, weil die Delation oder Relation an den anderen nach § 410. 413 unstatthaft war, wie es auch der Fall ist, wenn ein einziger von mehreren gesetzlichen Vertretern den Eid zu leisten hat.[2]

---

[1] Über die Frage, wie es mit Einspruch und Kostenpflicht zu halten sei, wenn man ein Versäumnisurteil für statthaft erklärt, vergl. Wilmowski-Levy, § 415, A. 2; Meyer, a. a. O., S. 615.

[2] Ohne Begründung und im Widerspruch mit dem Gesetz behaupten von Bülow, § 436, A. 3; Hellmann, Komm., § 436, daß schon die Eidesweigerung aller schwurpflichtigen gesetzlichen Vertreter negativen Formalbeweis erbringe, Puchelt, § 435. 436, A. 4, daß es, wenn nur ein gesetzlicher Vertreter schwurpflichtig sei, so gehalten werden müsse, als ob nur einer vorhanden sei, während sonst § 434 Anwendung zu finden habe.

Metzger & Wittig in Leipzig.

FSC
www.fsc.org
MIX
Papier | Fördert
gute Waldnutzung
FSC® C083411

Kolibri 360 GmbH
Ferdinand-Jühlke-Straße 7
99095 Erfurt, Deutschland
produktsicherheit@kolibri360.de